모두가 부처님입니다

모두가 부처님입니다

1판1쇄 인쇄	2023년 9월 1일
1판1쇄 발행	2023년 9월 10일

지은이	《법보신문》 편집부
발행인	정지현
편집인	박주혜

대표	남배현
본부장	모지희
편집	손소전 김옥자
디자인	정면
경영지원	김지현

펴낸곳	조계종출판사
주소	서울시 종로구 삼봉로 81 두산위브파빌리온 1308호
전화	02-720-6107
전송	02-733-6708
이메일	jogyebooks@naver.com
등록	제2007-000078호(2007.04.27)
구입문의	불교전문서점 향전(www.jbbook.co.kr) 02-2031-2070

ISBN	979-11-5580-207-6 03220

— 책값은 뒤표지에 표시되어 있습니다.
— 이 책의 판권은 지은이와 조계종출판사에 있습니다.
— 저작자의 허락 없이 일부 또는 전부를 복제·복사하거나 내용을 변형하여 사용하는 것을 금합니다.
— 이 책의 내용 전부 또는 일부를 사용하려면 반드시 저자와 출판사의 서면 동의를 받아야 합니다.
— 조계종출판사의 수익금은 포교·교육 기금으로 활용됩니다.

조계종출판사 지혜와 자비의 눈으로 세상을 바라봅니다.

대한불교조계종
제10회 신행수기 공모 당선작

모두가 부처님입니다

조계종
출판사

추천의 글

온몸으로 써 내려간 대장경

만물이 생동하는 화창한 날에 수상자 여러분의 얼굴을 보니, 역경과 시련을 이겨내고 행복으로 삶을 회향한 여러분들과 같은 환희로움을 갖게 됩니다. 부처님 가르침 아래 날마다 새로운 하루하루의 기쁨이 느껴집니다. 불교의 미래가 이처럼 화사하게 빛나고 있다는 사실이 벅찬 감동으로 다가옵니다. 이곳에 모인 모든 분들에게 감사하다는 말씀을 드립니다.

저는 수상작들을 읽으며 "큰 소리에 놀라지 않는 사자와 같이 / 그물에 걸리지 않는 바람과 같이 / 물에 젖지 않는 연꽃과 같이 / 저 광야를 가고 있는 무소의 뿔처럼 혼자 가라."라는《숫타니파타》의 유명한 구절을 떠올렸습니다.

여기 오신 수상자들의 삶이 그렇습니다. 큰 소리에 놀라지 않는 사자와 같이, 그물에 걸리지 않는 바람과 같이, 진흙 속에서도 청정함을 잃지 않고 아름다운 신행의 꽃을 피워냈습니다. 어떤 시련에도 부처님 가르침에 의지해 불퇴전의 마음으로 오로지 한 길을 걸었습니다. 모진 고난 속에도 굴하지 않고 마침내 온몸으로 피어나 향기를 전하는 꽃처럼, 여러분들 또한 시련을 딛고 일어나 그윽한 법향을 드리우고 있습니다.

올해는 조계종 신행수기 공모가 10주년이 되는 해입니다. 또 코로나19의 짙은 어둠에서 벗어나 일상을 되찾은 원년이기도 합니다. 그래서 이번 신행수기 수상작들은 더욱 의미가 깊습니다. 코로나19라는 전대미문의 고통 속에서도 굳은 의지와 깊은 신심으로 참다운 불자의 길을 걸었기 때문입니다.

올해 대상인 윤수분 불자의 〈아들을 가슴에 품고 행복한 불자 되겠습니다〉는 읽는 내내 가슴을 먹먹하게 했습니다. 느닷없이 아끼던 아들을 잃은 크나큰 슬픔과 고통에도, 세상에 대한 분노와 원망으로 세월을 보내는 대신 부부가 함께 기도와 수행으로, 그리고 힘들고 어려운 이웃에 대한 자비행으로 삶을 승화하며 더욱 단단한 신심을 쌓은 것은 놀라운 인간 승리였습니다.

또 당선작인 〈성지순례로 이어진 불연(佛緣)〉, 〈봄꽃이 눈처럼 내리던 날 어머니를 보내며〉 등도 불자로서의 성실한 삶이 어떤 것인지, 시련을 어떻게 기도와 수행으로 회향해 신심을 돈독히 하고 오롯한 불자의 길을 걸어갈 것인지의 전형을 보여준 이정표였습니다.

그래서 여러분들의 신행수기는 살아 있는 신행의 산 역사이며 또한 불자들이 가야 할 길이기도 합니다. 어쩌면 글이 아닌 온몸으로 써 내려간 대장경이라 해도 과언은 아닙니다. 이처럼 자랑스러운 여정이 이제는 향기가 되어 세상을 더욱 아름답게 만들고 있으니, 한국불교의 자랑으로 삼기에 모자람이 없습니다.

지금도 곳곳에는 끝없어 보이는 막막함으로 인해 고통을 겪는 이들이 많습니다. 꽃봉오리의 존재를 잊은 채 줄기를 힘없이 늘어뜨린 이들이 적지 않습니다. 하지만 이런 희망의 이야기들이 모일 때 그것은 새롭게 발심하고 정진할 수 있는 힘이 되어줄 것을 확신합니다. 이제 여러분들의 아름답고 치열했던 신수행과 신행의 경험들이 세상에 향기가 되어 퍼져나갈 것입니다.

여러분들의 이야기가 보다 많은 이들에게 알려져 신심과 가피의 참된 의미가 이 땅에 그득히 들어서게 되기를 기원합니다. 마지막으로 오늘의 이 뜻깊은 자리를 만들어준 중앙신도회, 법보신문과 불교방송 관계자들의 노고에도 치하의 말씀을 드립니다.

진우 대한불교조계종 총무원장

추천의 글

절망과 시련 속 따뜻한 위로와 감동

제10회 대한불교조계종 신행수기 공모전 시상을 위해 참석해주신 총무원장 진우 큰스님을 비롯한 여러 사부대중께 감사의 인사를 드립니다. 이번 공모전에 당선되신 수상자 여러분, 진심으로 축하드립니다.

더불어 10년이라는 짧지 않은 기간 동안 공모전 개최를 위해 꾸준히 애써주신 법보신문과 불교방송 관계자 여러분, 그리고 용기 있게 자신의 이야기를 들려주신 모든 참가자분들께도 감사드립니다.

특히 올해의 신행수기 작품들은 보다 구체적이고 현실적인 신행담을 진솔하게 표현하여, 부처님의 가르침을 통해 긍정적으로 변화하는 개인의 모습을 사실적으로 보여주고 있습니다. 이는 기복과 영험이 아닌, 공부와 신행활동을 통해 극복한 평범한 개인의 체험으로, 일반 불자들에게 보다 많은 공감을 줄 수 있는 감동으로 다가왔습니다.

더 나아가 누군가에겐 절망과 시련 속 따뜻한 위로가 되어, 삶의 지표가 되기도 할 것입니다. 이런 여러분들의 이야기가 보다 많은 이들에게 닿아 참된 신심과 가피가 이 땅에 널리 퍼져 '부처님 법'을 전하는 계기가 되기를 기대합니다. 다시 한번 수상자 여러분들께 감사와 축하의 말씀을 드립니다.

앞으로도 신행수기 공모전이 더욱 발전하여 불자들의 신심고취와 바람직한 신행문화에 계속 기여할 수 있도록 발원합니다.
부처님 법 전합시다.
감사합니다.

덕산 주윤식 대한불교조계종 중앙신도회장

머리글

참 불자들의 진솔한 법문

조계종 신행수기 공모가 올해로 10주년이 됐습니다. 2014년, 기독교 간증집은 넘쳐나는데 불교계에는 불자들의 실질적인 신행을 기록한 신행수기집이 없음을 안타깝게 여겨 시작한 것이 벌써 10년이라는 세월이 흘렀습니다. 그래서 올해 신행수기 공모는 물론 당선작들이 모여 한 권의 책으로 엮이는 이번 인연이 더욱 의미 깊게 다가옵니다.

신행수기는 신앙고백과는 다른 결을 갖습니다. 신앙고백이 자신의 믿음에 대한 맹목적인 고백이라면 신행은 말 그대로 믿음을 실천하는 것을 의미합니다. 불교에서 믿음이란 맹목적인 믿음이 아닌, 철저한 사유와 실천을 통해 획득된 믿음입니다. 그래서 불교의 믿음은 정견을 기반으로 하는 바른 안목을 필요로 합니다. 신행수기는 부처님과의 인연을 시작으로 어떻게 자신의 삶이 변화되었는지를 볼 수 있는 매우 귀중한 글들입니다. 개인의 경험이긴 하지만, 그 경험들은 이 시대를 함께 살아가는 불자들이 공감하면서 재발심하는 귀중한 기록들입니다. 특히 불교를 학문적으로 접근하는 것이 아닌, 불자들의 생생한 체험과 경험을 통해 접하게 된다는 점에서 더욱더 감동으로 다가옵니다.

기한(飢寒)에 발도심(發道心)이라는 옛말이 있습니다. 춥고 배고파야 수행할 마음이 생기듯이, 힘들고 어려운 가운데 사리 같은 영롱한 신행이 싹트는 것 같습니다. 시련이 닥쳐왔을 때 그 시련에 매몰되면 시련은 그대로 장애이며 독이 되지만, 이를 경책으로 받아들이면 신행을 올곧게 지켜주고 부처님에 대한 믿음을 더욱 향상시키는 죽비 역할을 합니다. 힘들고 어려울 때 비로소 밑바닥 인격이 드러나듯이 시련을 어떻게 극복하느냐에 따라 불자의 참모습이 드러나는 것 같습니다.

그래서 부처님의 가르침이 시련 속에서 어떻게 구체화되는지 그 실천행이 담겨 있는 신행수기는 생생한 경험에서 우러나오는 이야기들이기에 더욱더 감동을 자아냅니다.

대상인 총무원장상을 수상한 윤수분 불자의 〈아들을 가슴에 품고 행복한 불자 되겠습니다〉는 하나뿐인 아들을 잃은 정말 가장 큰 고통의 순간을 어떻게 극복하였는지, 그리고 그 과정에서 부처님 가르침을 어떻게 받아들여 실천하였는지를 감동적으로 제시하고 있습니다. 윤수분 불자는 아들을 잃은 견디기 힘든 고통 속에서도 기도와 수행으로 이를 극복했으며, 보살행을 통해 아들의 몫까지 다른 이들의 행복을 위해 헌신하는 모습을 보여주고 있습니다. 이런 삶을 통해 참 불자의 모습이 어떤 것인지 웅변하고 있습니다.

최우수상인 포교원장상을 수상한 박미자 불자의 〈성지순례로 이어진 불연(佛緣)〉은 부처님의 가르침을 전하고 포교를 하는 일이 진정한 불사임을 깨닫게 하는 작품이었습니다. 또 중앙신도회장상을 수상한 이희숙 불자의 〈봄꽃이 눈처럼 내리던 날 어머니를 보내며〉는 부처님의 가르침은 배우고 이해하는 데에 머물지 않고 반드시 실천으로 회향해야 한다는 가르침을 주었습니다. 법보신문 사장상 이수현 불자의 〈심주(心珠)로 다시 살다〉, 불교방송 사장상 김장대 불자의 〈'개경게(開經偈)'를 읊는 마음으로〉를 비롯한 수상작 모두 부처님 가르침의 의미와 불교계가 수행해야 할 사회적 역할을 전하는 살아 있는 법문이었습니다.

발원문 최우수상인 교육원장상을 수상한 이희주 불자의 〈장애인 포교 꽃피기를〉은 수어 통역사의 삶을 살면서 느꼈던 경험을 바탕으로 장애를 넘어 모두가 행복한 세상을 염원하는 보살의 서원이었습니다.

신행수기는 이 시대를 살아가는 참 불자들의 진솔한 삶의 모습이며 살아 있는 법문입니다. 매년 이런 아름다운 삶과 감동스런 법문들을 만나는 것은 불자들의 행복입니다. 우리의 앞에서, 뒤에서, 옆에서 진실한 삶을 통해 끊임없이 우리를 경책하고 이끌어주는 도반들이 이렇게 많습니다.

제10회 조계종 신행수기 공모 당선작들을 하나로 모은 이번 수기집이 불자들의 삶에 좋은 신행의 지침이 되고, 초심자에게 용기를 불어넣는 마중물이 되기를 간절히 기원합니다.

김형규 법보신문 대표

차례

추천의 글

온몸으로 써 내려간 대장경
진우(대한불교조계종 총무원장) —— 4

절망과 시련 속 따뜻한 위로와 감동
덕산 주윤식(대한불교조계종 중앙신도회장) —— 8

머리글

참 불자들의 진솔한 법문
김형규(법보신문 대표) —— 10

1부 🌸 귀의합니다

아들을 가슴에 품고 행복한 불자 되겠습니다 | 원만심 윤수분 —— 18
성지순례로 이어진 불연(佛緣) | 수희 박미자 —— 28
봄꽃이 눈처럼 내리던 날 어머니를 보내며 | 보덕심 이희숙 —— 48
심주(心珠)로 다시 살다 | 심주 이수현 —— 65
'개경게(開經偈)'를 읊는 마음으로 | 태현 김장대 —— 77

2부 수행합니다

부처님 품에 다시 안기다 | 수정 김정만 —— 92
황금빛 가피로 기적을 보다 | 천월광 전영애 —— 104
참나를 찾는 길 | 금강수 권나경 —— 116
고슴도치의 가시가 풀잎이 될 때까지 | 수원심 전평심 —— 125
옥을 갈고 닦아 빛을 내어… | 마하심 우영혜 —— 133

3부 자비합니다

나의 마음에서 산다는 것 | 이○○ —— 144
지족의 삶 | 장○○ —— 154
생각을 바꾸니 여기도 극락 | 김○○ —— 163
이곳에서 다시 태어나리 | 이○○ —— 170

4부 보시합니다

장애인 포교 꽃피기를 | 혜상 이희주 —— 178
나를 다스리는 108배 | 관음행 양일옥 —— 186
참생명의 길 걷겠습니다 | 여정화 이명자 —— 199
열암곡 부처님 바로 모시기 | 법륭화 이미숙 —— 204

1부

귀의합니다

중생에게는 세 가지 두려움이 있습니다.
윤회의 고통에 대한 두려움이 그 첫 번째이며
'나'라는 것에 대한 집착이 두 번째이며
맑지 못한 단견에 대한 두려움이 세 번째입니다.
우리가 삼보에 귀의하고 수행 정진하는 이유가
바로 이 세 가지 두려움을 없애기 위해서입니다.

| 총무원장상 |

아들을 가슴에 품고
행복한 불자 되겠습니다

원만심 윤수분

불교와의
만남

불, 법, 승 삼보에 귀의합니다.

저는 결혼을 하여 시누이가 하던 조그마한 가게를 물려받았습니다. 정류소 앞이어서 많은 사람이 왕래하며 가게를 이용했습니다. 가게에는 법복을 입은 보살님들도 자주 오셨고 유독 눈에 띄었습니다. 하루는 궁금하여 "보살님 어디 갔다 옵니까?" 하고 물어보았더니 ○○사에 다니는 신도라고 하였습니다. ○○사는 마침 우리 집에서 무척 가까운 곳에 있는 절이어서 나도 다닐 수 있겠다는 생각이 들었습니다.

세상살이가 누구나 쉽진 않을 겁니다. 저 역시 힘든 일이 많았고 부처님께 기도하면 모든 어려움이 잘 이루어질 것 같다는 막연한 심정으로 ○○사에 가겠다고 결심하였습니다. 법당에 들어가 보니 불상은 없고 글자만 있어 불자님에게 물어보니 여기는 밀교라 불상을 모시지 않고 '육자대명왕진언'을 모신다고 하시면서, 진언을 외우는 방법으로 기도를 한다고 알려주셨습니다. 다른 사찰에 갈 시간적인 여유가 없고 하여 자연스럽게 밀교에 입문하게 되었습니다.

낮에는 가게를 보고 가게 일을 마치고 저녁 늦게 절에 가면 큰 법당이 텅텅 비어 있는 채 진언 앞에만 불이 켜져 있었습니다. 어둡고 컴컴하여 무섭기도 하고 불안하기도 했지만 그래도 부처님과의 약속이라 생각하고 기도를 시작했습니다. 초보자가 도반 따라 1,000주 기도를 하다가 며칠 동안 몸살이 난 적도 있습니다. 그래도 매일 빠짐없이 17년 동안 열심히 기도하였습니다.

불교에 대한 회의감

저는 나름대로 신행생활을 열심히 하였다고 생각하며 살았습니다. 그런데 전생에 무슨 나쁜 죄를 지었는지, 꿈에도 생각할 수 없고 상상도 할 수 없는 일이 일어나고 말았습니다. 제게는 어릴 때부터 항상 예의 바르고 효심도 지극하며 공부도 열심히 하고 친구들과도 관계가 원만하여 늘 학급의 선두를 지키던 일등 아들이 있었습니다. 아들은 어엿하게 성장해서 국립대학교의 공과대학에 진학했고 한창 열심히 대학 생활을 이어가던 2학년이 되었을 때 불의의 사고로 그만 세상을 떠나고 말았습니다.

아들을 잃고 나니 아무런 죄 없는 부처님이 너무나도 원망스러웠습니다. '불교도 아무 소용이 없구나.' 싶어 절에 갈 생각, 살고 싶은 생각도 없고, 일체의 세상이 모두 싫어 죽고 싶은 마음뿐이었습니다. 설상가상으로 남편은 기회가 자주 오지 않는 사무관 승진 시험을 눈앞에 두고 있어 뒷바라지에 신경을 써야 하는데 걱정이 태산 같았습니다. 다행히 수석 합격으로 집 가까운 ○○대학교에 발령을 받아 조금은 위로가 되었지만, 마음의 상처에서 완전히 벗어날 수는 없었습니다.

하필 아들이 세상을 떠나기 전에 그동안 다니던 절에는 나가지 않고 있었습니다. 인연이 닿아 다른 곳으로 옮겨 다니기 시작한 지 얼마 지나지 않았을 무렵이었습니다. 모든 일이 나로 인해 빚어진 것 같다는 자책의 심정은 더욱 깊어졌습니다.

좀처럼 일상으로 복귀하지 못했습니다. 그러나 고통 속에 머물러 있을 수만은 없었습니다. 지푸라기라도 잡는 심정으로 어딘가 의지할 곳이 절박하게 필요했습니다. 하지만 다시 옛 신행사찰로 돌아갈 의지가 없었고 새롭게 인연이 닿은 곳으로 나서자니 발걸음이 조심스럽기만 했습니다. 이 막막하던 시기에 떠올린 것은 새벽 기도였습니다. 17년 다녔던 사찰에서 지속했던 것이 새벽 기도였습니다.

슬픔에 빠져만 지내지 말자고 남편이 손을 잡아주었습니다. 우리 두 사람은 매일 새벽 일어나 집에서 참회 기도를 하기 시작했습니다. 이 모든 일이 그저 부처님께서 불교를 더 열심히 공부하라고 우리에게 내린 명령이라 받아들였습니다. 그렇게 매일 새벽마다 기도의 시간을 보내며 서서히, 그리고 다시 부처님 품으로 돌아오게 되었습니다.

"물에 빠져도 정신만 차리면 살아날 구멍이 있다."라는 말은 결코 빈말이 아니었습니다. 도반들의 위로와 격려도 고통 속에서 조금씩 벗어나는 데 큰 힘이 되어주었습니다. 어느 순간부터 불교에 귀의한 사실이 너무나 감사할 뿐이었습니다. 용기를 내어 도반들의 손을 잡고 다시 사찰에 나갔습니다.

친구 따라 강남 간다고, 다시 다니게 된 사찰은 현교를 따르는 곳이었습니다. 스님으로부터 불교의 기본 교리와 선(禪)에 관하여 많은 법문을 들었습니다. 그중에서도 '일체유심조(一切唯心造)'와 "밖에서 찾지 말고 네 안에서 찾아라."라는 법문이 지금도 귀에 쟁쟁합니다.

봉사와의 인연

절에 함께 다니며 불교 교리를 배우고 신행을 이어온 도반들과 우리도 이제는 누군가에게 도움이 되는 일을 하자는 데 뜻을 모았습니다. 그러던 중 된장 담그기 봉사를 하는 양산 배내골 현장을 우연히 방문하면서 함께 봉사하게 되었고, 대한적십자사 부산광역시지사의 원불교지구협의회에 가입하여 본격적인 봉사를 시작했습니다.

종교를 초월하는 것이 봉사활동이고 이렇게 연결된 것도 인연이라 여기며 봉사를 지속하면서도, 저와 도반들은 마음 한구석에서 우리도 원불교처럼 불교지구를 하나 만들면 좋겠다는 생각을 가져왔습니다. 하지만 인원, 원불교와의 관계, 지사 승인 등 절차적으로 여러 가지 어려움이 많았습니다.

그래도 그동안의 공부를 바탕으로 원력을 단단히 모았습니다. 적십자 봉사 5년 만에, 그리고 불교지구 추진 1년 만에 불교지구협의회라는 이름으로 우리나라에서 유일하게 부산에만 있는 적십자 불교봉사회를 결성하였습니다. 초대 회장을 맡은 박추자 보살님은 저와는 중학교 동기이자 오랜 도반입니다. 우리는 이심전심(以心傳心)으로 함께 봉사하며 수행했고, 저는 박추자 보살님에 이어서 2대 회장을 맡았습니다.

우리 두 사람은 회장 역할을 내려놓은 후에도 지금까지 봉사 회원의 한 사람으로 함께하고 있습니다. 박추자 보살님은 나와 학년은 같아도 나이가 조금 더 많아 올해로 봉사 정년을 회향했습니다. 멋지게 회향하는 도반이 무척 자랑스러웠습니다. 저는 내년에 봉사 회향을 앞두고 있습니다. 남은 기간 최선을 다해 봉사활동을 이어가려고 합니다.

우리는 '봉사는 보시'라는 신념으로 회원들과 혼연일치하여 적십자가 필요한 곳에는 언제든지 달려갑니다. 봉사활동 중 가장 보람을 느낀 때는 충남 태안반도 기름 유출 사고 현장에 달려간 일입니다. 1박 2일의 일정이었는데 현장에 달려가 보니 말이 안 나오고 한숨만 토해낼 뿐이었습니다. 걸레로 닦아내고 닦아내도 기름이 계속 솟아 나와 너무나 힘이 들었지만, 그래도 우리가 자연환경을 살리는 데 조그마한 힘이 된다는 사명감으로 열심히 하였던 기억이 납니다. 오염 범위가 너무 넓어 마무리를 짓지 못하고 온 것이 큰 아쉬움으로 남아 있습니다. 또 부산 가덕도 수해 피해 지역, 김해 한림 수해 현장, 태풍으로 인해 쓰러진 김해평야의 벼를 세우는 일 등 자연재해 현장에 달려가 긴급구호를 펼치는 것을 당연하게 받아들였습니다.

무엇보다 매월 두 차례 적십자 헌혈 캠페인 봉사에 동참하고 부산 관자재요양병원에서 치매 어르신들의 목욕이 끝나고 나면 온몸에 로션을 발라드리고 옷을 입혀드리는 봉사를 지금도 지속하고 있습니다. 어르신들께서는 '늘 고맙다. 감사하다.'는 인사를 주시는데, 깨끗해진 몸으로 건강하게 생활하시길 기원하며 옷을 입혀드릴 때마다 우리 봉사자들이 오히려 더 감사한 마음입니다. 이렇게 참여한 8,000여 시간의 봉사 덕분에 2018년 10월 대한적십자사 회장 표창장과 같은 해 11월에는 부산시장 표창장을 수상하였습니다

일체중생
행복 발원

아들을 떠나보낸 고통을 극복하게 해준 새벽기도는 지금도 여전히 이어가고 있습니다. 아니, 하루하루 더욱더 단단해진 것 같습니다. 매일 새벽 4시에 일어나 아침기도를 올리는 일은 우리 부부에게 무척 자연스러운 일과이기 때문입니다. 《천수경》을 시작으로 가족 축원을 하고 《금강경》 1독, 《화엄경 약찬게》로 기도하고 나면 1시간 30분이 훌쩍 지나갑니다. 도반의 권유로 2000년 1월부터 시작했던 영축총림 통도사의 성보박물관 인등 기도는 지금까지 빠지지 않고 동참해온 법회이기도 합니다. 또한, 우리 부부는 금강정진회 삼사성지순례단에 동참하여 12년 동안 우리나라 최남단의 절인 마라도 기원정사, 최고의 높은 절 설악산 봉정암, 관음성지로 유명한 강화도 보문사 등 전국 사찰에서 참회 기도를 드릴 수 있어 너무나 기뻤

습니다.

나이 80세를 바라보며 저는 세 번의 천일기도 성취를 발원하고 있습니다. 지금은 2차 천일기도를 진행 중입니다. 올해 부처님오신 날 하루 전날인 5월 26일은 2차 천일기도의 800일 회향이 됩니다. 이번 천일기도 동안에는 하루 《금강경》 7독을 발원하고 실천 중입니다. 새벽과 저녁에 각 1회씩 독송하고 낮에 다섯 번을 독송하려면 하루 24시간도 빠듯합니다. 차 마시기를 좋아하지만, 당분간은 멀리하며 틈나는 대로 《금강경》을 펼치려고 합니다.

부처님의 공덕으로 남부럽지 않게 신행생활을 잘하고 있는 것이라면 다른 사람들에게도 큰 도움이 되지 않을까 생각하여, 결혼한 딸에겐 사는 곳 가까이에 있는 사찰을 소개해주었습니다. 그곳에서 열심히 신행생활하는 딸과 가족이 늘 고맙습니다.

새벽기도의 출발은 언제나 '일체의 중생이 모두 행복해지기를 소원합니다.'입니다. 그리고 저녁에는 '깨어 있는 삶, 선행, 인욕하는 마음, 보시하는 마음, 모든 사람을 부처님처럼, 좋은 생각, 좋은 말, 좋은 일, 항상 부지런하고, 부드러운 말, 말조심하도록 실천하겠습니다.'라고 서원을 합니다.

누군가는 불교 공부가 어렵고 기도가 힘들다고 말합니다. 그렇지만 부정적인 생각을 버리고 굳은 믿음과 나도 할 수 있다는 자신감을 가지고 매일매일 계속하면 본인이 원하는 것이 다 이루어지리라 생각합니다.

 "부모가 죽으면 산천에 묻고 자식이 죽으면 가슴에 묻는다."라는 옛 말씀이 있습니다. 30여 년이 지난 지금도 문득문득 생각이 날 때마다 아들 이름을 불러봅니다.
 '아들아, 사바세계 모든 애착 다 끊고 극락왕생하여라.'
 아들에게 부끄럽지 않은 불자가 되겠습니다. 남은 생을 봉사와 기도로 마감하고 싶습니다. 그리고 다음 생에도 불자로 태어나기를 기원합니다.
 나무아미타불, 나무아미타불, 나무아미타불.

| 포교원장상

성지순례로 이어진
불연(佛緣)
-
수희 박미자

불심에
씨앗을 뿌려준 불연

부처님과 인연 맺은 지 어느덧 25년. 신행 경력도 없고 수행도 부족한 내게 무설회(천안, 아산 성지순례 모임) 회장님이 2년 전부터 신행수기를 써보라고 자주 권하셨는데 자신이 없어서 못 쓴다고 거절만 해왔다. 그러다 인도 성지순례를 계기로 다시 권유하셔서 인도 출발 21일 전부터 아침 기도 후 부처님께 '여러모로 미흡하지만 인도 다녀와서 신행수기를 써보겠습니다.'라고 서원을 세웠다.

모태 신앙은 아니지만 기억 저편에 늘 기도하러 절에 가고 싶다는 욕구가 잠재되어 있었다. 그래서인지 주변 많은 지인들도 부처님과의 인연으로 맺어졌고 불자로서의 신심도 싹트게 되었다.

1998년 아산교육청 학생상담 자원봉사활동을 함께하고 있는 이숙영 회원의 안내로 만덕사에 첫발을 내디뎠다. 스님이 내려 주시는 녹차를 마시며 불교에 관한 말씀을 귀 기울여 들었고 그런 인연으로 가끔씩 이 후배와 절에 가게 되었다. 어느 날 스님이 광명진언을 외우라며 코팅을 해주셔서 열심히 외웠다.

2000년 초반에는 시댁 육촌 이종형님이 절에 함께 가자고 하여, 마음이 끌려서 충남 아산 보광사에 다녔는데 지금까지 적을 두고 초하루기도, 칠일기도에 동참하며 크고 작은 신행활동을 하였다. 2003년 초여름 즈음으로 기억되는데, 주지스님의 권유로 마곡사 본·말사들과 연합으로 진행되는 1박 2일 임원 연수에 신도회장님, 총무님과 함께 재무 소임 자격으로 참석하였다. 불교 교리 강의를 듣고 발우공양, 저녁예불, 108배, 새벽예불 등 다양한 연수 프로그램을 체험했는데 그것이 계기가 되어 불교에 더 관심이 갔다. 오전에 중요한 일이 없으면 봄, 가을, 겨울에는 이른 아침 집에서 《천수경》 독송과 108배를 올리거나 21일, 49일, 100일 기간을 정해놓고 《금강경》 독송을 하고, 하안거 때는 집에서 차로 5분 거리인 보광사 대웅전에 가서 홀로 1시간쯤 기도하고 오기를 서너 해 동안 나름 전력을 다해 했던 기억이 떠오른다.

불교 공부를 체계적으로 하고 싶다는 욕구가 더해지고 있을 즈음, 친형님이 다니시던 절의 주지스님이 아산 송악에 봉수사를 창건하셔서 형님 주관으로 시댁의 조상 천도재를 그곳에서 지냈다. 그런 인연으로 내가 직접 주선해 지인 3명과 함께 불교 입문 과정을 마치기도 했다.

2009년에는 지인을 통해 1·3주 토요일 오후 7시에 아산을 출발해 팔공산 갓바위에서 철야기도를 하고 오전 10시 전에 아산에 도착하는 성지순례팀이 있다는 소식을 들었다. 어느 날 동참했더니 이미 여러 해 동안 친분을 쌓아온 이채순 회장님이 주관하고 있어서 무척 반가웠다. 웬만하면 짬을 내어 참석하다 한동안 갓바위 철야기도에 동참하지 못했는데, 2010년 가을 오랜만에 참석하니 이채순 회장님이 무설회를 발족해 매월 넷째 주 일요일에 성지순례를 다닌다고 해서서 꼭 동참해야겠다고 마음먹었다.

그해 12월 충남 학생상담 자원봉사자 진로상담사 1급 자격연수 과정 중 '꼭 이루고 싶은 버킷리스트 작성' 프로그램이 있었다. 그때 나는 이렇게 적었다.

별칭: 백련
이달 안에 이루고 싶은 것: 무설불자회 성지순례 동참하기
10년 안에 이루고 싶은 것: 성지순례 108번 이상 동참하기
죽기 전에 꼭 하고 싶은 것: 설악산 봉정암 3번 이상 가기 등등

버킷리스트에 하고 싶은 일들을 망설임 없이 쓰고는 마치 다 이룬 것처럼 신나 했었다.

사실 이전에 설악산 봉정암 적멸보궁에 다녀온 적이 있다. 평생 세 번 다녀오면 업장이 소멸된다고 하여 어느 해 9월 마지막 주말, 지 선배님의 권유로 만덕사 신도님, 손 선배님과 처음으로 올랐다. 사리탑에서 많은 신도들 틈을 비집고 들어가 어렵게 108배를 올리고 나니 큰 법당과 전각들은 이미 신도들로 발 디딜 틈 없이 꽉꽉 차 있었다. 우리 셋은 어렵게 숙소에 들어가 엉덩이 반쪽만 방바닥에 걸친 채 밤을 맞이했다. 방문 밖도 처마 밑에 서서 비를 피하는 신도들과 등산객이 부지기수여서 그야말로 아수라장이었다. 그렇게 9시간 동안 꼼짝 못 하고 쭈그린 자세로 하얗게 밤을 지새운 나는 해가 뜨자마자 멀리서 부처님께 인사드리고 내려오며 다시는 봉정암에 안 온다고 다짐했었다. 하지만 그 후로 방사 예약 시스템이 생겨서 그날의 악몽과 같은 상황은 없다는 얘기를 듣고 설악산 봉정암 3번 이상 순례하기를 목록에 넣었다.

연수를 마치고 집에 돌아와 남편에게 매월 넷째 주 일요일은 꼭 무설회 성지순례에 참석하고 싶다고 넌지시 마음을 전하니 마지못해 들어주는 것 같았다. 누구 하나라도 더 함께하고 싶어 한 보살, 지 선배님과 정회원으로 가입하고 또 다른 친구에게도 같이 가자고 전화를 했다. 부처님께 올릴 공양물과 불전을 준비하며 성지순례

가는 날은 그저 좋았고 자연과 더불어 기도할 수 있다는 것에 마냥 행복했다.

그렇지만 충남학생상담 자원봉사자연합회 회장을 새로 맡게 되고 충남 초중등 진로 코치 강사 활동을 시작하면서 일정이 바빠졌고, 집안의 대소사가 원찰의 기도와 겹치는 등 12개월 내내 참석하는 것이 쉽지 않았다. 그럼에도 이런 개인 일정과 맞물리지 않기를 간절히 기도하며 성지순례에 참석하려 안간힘을 썼다.

불교 공부에 관심이 더해지며 불교대학 과정을 운영하는 관내 사찰을 알아보았지만 시간이 맞지 않아 등록을 못 하고 있던 중, 홍성교육청 학생상담 자원봉사자로 활동하고 있는 김수경 회원이 2012년 1월 어느 날, 수덕사 불교대학 3기 과정에 등록하자고 하였다. 아산에서 수덕사까지의 거리와 오후 수업이라는 점, 1년 과정이 부담스러웠지만 때로는 저녁노을과 아름답게 물들어가는 가을 단풍을 보며 부처님 법 공부하러 수덕사 심연당으로 가는 길은 기다려지고 행복하기만 했다.

그렇게 1년 과정을 마칠 12월 즈음, 수덕사 주지스님께서 불교대학 3기 졸업생 전원에게 18기 포교사 시험에 응시하라는 당부를 하셨다. 사실 포교사 역할에 아무 관심도 없었는데 불교대학 1년 과정을 함께한 김수경 회원과 도반들이 같이 시험 보고 포교활동 하자고 권하여서 2013년 2월 이론 시험에 응시하고 지역 연수 과정을 마무리했다. 그리고 ㈜보광사 주지스님에게 목탁 연습도 받으며 실기 시험과 면접을 끝으로 최종 합격하였다.

죽는 날까지 불자로 살면서 부처님 법 포교해야겠다 마음먹고 사회복지분야 상담포교팀에 지원하였다. 하지만 3~4명이 한 조가 되어서 활동해야 하는데 지원자가 없어서 충남서부총괄3팀 수덕사에서 자원봉사팀원으로 지원했다.

2013년 9월, 범어사에서 오후 불식을 시작으로 새벽 6시까지 이어진 1박 2일 수계법회를 다녀온 뒤 수덕사에서 크고 작은 다양한 행사와 청소년 여름 캠프 동참, 둘째 주 일요법회 사회를 진행하며 서툴지만 포교사로서의 여정을 한 발 한 발 내디뎠다. 또한 수계법회 참석하러 범어사로 가는 버스 안에서 자기소개 시간에 내가 학생상담 자원봉사활동을 한다고 했더니, 그것을 인연으로 서부총괄팀 선배 포교사님도 이듬해에 충남교육청 학생상담 자원봉사자 연수 과정과 교육을 거쳐 서산교육청 학생상담 자원봉사자 첫 신규 회원이 되었다. 불교가 맺어준 인연이 뿌듯했다.

무설회
성지순례

무설회는 매해 음력 정월 초사흘 통도사 적멸보궁 새벽예불을 시작으로, 그다음 첫 주 일요일엔 상원사 적멸보궁과 낙산사 홍련암을, 두 번째 주 일요일엔 태백 정암사와 영월 사자산 법흥사를 순례하여 마음 방생기도를 드린 뒤 큰스님 친견하고 세배를 드린다. 2월과 3월엔 남해 보리암과 강화 보문사로 3대 해수관음도량 순례를 하고, 4월 초파일 직전엔 1박 2일로 설악산 봉정암 사리탑에 올라 5대 적멸보궁 성지순례를 마치며 중반으로 접어든다.

회원이 되고 처음 상원사에 오르던 순간은 지금도 생생하게 기억 한편에 자리 잡고 있다. 새벽 1시에 도착해 적멸보궁에 오르기 위한 준비를 했다. 난생처음 아이젠을 차고 헤드라이트까지 켜는 등 완전무장을 하고 보궁을 오르기 시작했다. 산길은 눈이 무릎 위까지 쌓여 한 발 한 발 내딛기가 미끄럽고 무서웠지만, 고개 들어 하늘을 보니 새벽 산사의 눈 덮인 풍경이 너무 아름다워 부처님께 감사하는 마음과 나 자신에 대한 대견함이 느껴졌다.

그렇게 환희심에 취해 오르다 보니 석가모니불 정근 소리가 점점 가까워졌다. 적멸보궁에 이르니 작은 법당은 이미 삼배도 올리기 힘들 만큼 발 디딜 틈이 없었다. 어둠이 짙은 새벽 3시의 법당에 신심 깊은 불자들이 그렇게 많다는 것에 깜짝 놀라며 자신을 대견하게 느꼈던 것이 부끄러웠다. 공양물과 불전을 겨우 올린 후 스님의 목탁 소리에 맞춰 사리탑을 향해 새벽예불과 석가모니불 정근을 하니 신심이 절로 생기며 오랫동안 머물고 싶은 생각이 들었다. 그 생각을 뒤로하고 나오는데 손과 발이 꽁꽁 얼어서 등산화를 신기도, 장갑을 끼기도 힘들어 눈물이 날 지경이었다. 상원사 문수보살님을 친견하며 지혜로운 불자가 되겠다고 마음먹었다.

회원들의 청에 따라 종종 큰스님들을 친견하여 법문을 듣기도 했다. 불교TV 무상사 법당에서 종범 스님을 친견하는 순간 감동스러워 눈물이 나고, 법문 듣는 내내 환희심으로 가슴이 벅차올라, 말없이 실천하는 불자가 되겠다고 다짐도 했다.

무설회와 함께한 첫 봉정암 순례길은 여유와 기대감으로 가득했다. 도반들과 앞서거니 뒤서거니 하며 산길을 오르는 동안 얼굴은 시뻘겋게 달아올랐고, 온몸이 땀으로 흠뻑 젖은 채 깔딱고개를 넘어서자 안도의 숨을 몰아쉬었다. 기도 잘 하고 가겠다 마음먹고 부처님 뇌 사리탑에 올라 많은 불자님들 틈에서 108배를 올리고 초파일 등을 올린 후 설악산을 둘러보니, 부처님 형상을 한 커다란 바위며 어마어마한 자연의 신비로운 장관에 숙연해져 한참을 바라보았다. 방에 들어와 짐을 풀고 어깨 폭 정도의 좁은 자리지만 잠깐 누우니 바닥이 뜨끈뜨끈해서 6시간 등반의 고단함이 사라졌다. 저녁예불에 동참한 후 잠시 쉬었다 철야기도를 하러 큰 법당에 가니 보살님들이 빈틈없이 앉아서 쉼 없이 이어지는 스님들의 목탁 소리에 맞춰 정근하고 있었다. 신심이 절로 나서 난생처음 철야기도를 하고 새벽예불까지 동참하고 내려오니, 쌀쌀한 새벽공기에 머리가 맑아지며 온 세상이 다 내 것인 듯 마음의 여유와 기쁨을 느꼈다.

버킷리스트에 적었던 것보다 훨씬 많은 봉정암 순례를 2018년까지 다녔다. 2019년은 허리디스크로 봉정암엔 가지 못하고 손 선배님과 영시암에서 참배하고 백담사로 돌아왔다. 건강의 소중함, 주변을 알아차리지 못하고 내려놓지 못해 탐진치 삼독에 휘둘렸던 어리석음을 부처님께 참회하며 아픈 허리로 밤늦도록 기도하니 마음이 평화로웠다. 다음 날 봉정암에서 내려온 회원들과 합류하는 것으로 2019년의 순례를 마쳤다.

2020년은 코로나19로 모든 신행활동이 멈춰버렸다. 참으로 마음 아픈 일이었다.

2021년에는 무설회 회장님과 10명의 임원들이 대중 공양물을 미리 봉정암에 올려보내고 코로나19 검사를 마친 후 불기 닦는 봉사를 위해 1박 2일 순례길에 나섰다. 여러 해 봉정암을 순례하며 경험한 바에 따르면, 봉정암 오르는 길은 사람들이 너무 많아 번갈아가며 한쪽이 지나가길 기다리며 길을 내줘야만 오갈 수 있었는데, 그해엔 그 많던 불자들과 등산객은 오간 데 없고 드문드문 봉정암 다녀오는 이들만 눈에 띄었다. '함께'라는 말이 소중하게 느껴지는 순간 가슴은 답답해졌지만 깊고 넓은 설악동 계곡, 청량한 새소리와 흐르는 계곡물 소리에 귀 기울이고, 웅장하며 기기묘묘한 바위들과 나무, 풀, 예쁜 꽃들을 바라보며 쉬엄쉬엄 오르다 보니 그 전에는 느끼지 못했던 자연의 위대함과 신비로움, 아름다움이 온몸과 마음으로 느껴졌다. 부처님과 코로나19 덕분이라고 생각하니 코로나19가 그 순간만큼은 원망스럽지 않았다.

깔딱고개에 이르니 구름이 잔뜩 끼고 보슬비가 살살 내릴 듯 말 듯했다. 임원진들은 봉정암에 도착할 때까지만 비가 오지 않기를 간절히 바라는 마음으로 '석가모니불'을 열심히 부르며 올라갔다. 방사를 위해 숙소 앞에 가니 주인 잃은 파란 슬리퍼에 먼지가 수북하고 방석 역시 여기저기 먼지를 잔뜩 뒤집어쓴 채 쌓여 있는 기막힌 현실에 일행은 가슴이 아프고 속상해 눈물을 훔쳐냈다. 사리탑에 올라 하루빨리 코로나19가 종결되어 봉정암과 모든 절집들이 예전처럼 발 디딜 틈 없게 해달라고 기도드렸다.

저녁 공양을 하고 초파일 연등 접수를 마친 다음 스님의 배려와 주관으로 저녁예불을 올렸다. 어둠을 밝히며 빛나는 사리탑과 연등을 바라보며 108배와 석가모니불 정근을 신심이 나서 시간 가는 줄도 모르게 마친 후, 회장님의 수행과 신행 경험 사례로 이야기꽃을 피우는 행복한 시간을 갖게 되었다. 참았던 빗줄기는 밤새 설악산을 적시며 거칠게 쏟아져 가뭄으로 메말랐던 세상을 해갈시켜주고 있었다. 우리는 2022년엔 세계 모든 나라에서 코로나19가 종결되어 비대면에서 자유로워지고 전국 사찰에 야단법석의 자리를 만들게 되기를 기원하며 순례를 마무리했다.

2022년 4월부터는 버스 탑승 인원을 20여 명으로 제한하고 문경 세계명상마을센터에서 봉화 축서사 무여 큰스님을 친견, 명상에 관한 법문을 들었다. 4월 30일부터 5월 1일에는 2021년처럼 회장님과 임원진들만 코로나19 검사를 거쳐 대중공양과 불기 닦기 봉사를 하며 봉정암 적멸보궁을 순례하였다. 5월에는 낙산사 주지이신 금곡 스님의 해수관세음보살상 회향식에 동참했는데 주지 소임 사임 인사하시는 모습에 많은 회원들이 가슴 아파하며 돌아왔다. 2020년에 무설회가 백만원력불사(세종 광제사 건립)에 보시한 인연으로 2022년 8월 9일 세종 광제사 대웅보전 점안식에 회장님과 임원진이 다녀오는 것으로 11월까지의 순례를 마쳤다. 12월에는 마곡사에서 1박 2일 일정으로 회원 단합대회 및 템플스테이를 하며 임인년의 크고 작은 다양한 순례 일정을 마무리했다. 개인적으로는 회장님의 안내로 회원 두 분과 공양물을 마련하여 마곡사 나한전에서 3월~11월 음력 초사흘 저녁 7시부터 11시까지 집중기도를 하고, 8월에는 3박 4일 동안 회장님과 나를 포함한 4명이 봉정암에서 사력을 다해 기도한 생애 첫 신행 경험을 통해 부처님과 더 가까워지고 있었다.

계묘년도 어김없이 무설회 회원들은 음력 정월 초사흘에 장엄한 통도사 새벽예불에 동참, 16개의 어두컴컴한 전각을 돌며 새해의 무탈과 안녕을 기원했다. 늘 버스 안에서 회장님 주관으로 《천수경》, 《반야심경》, '이산혜연선사 발원문', 《화엄경 약찬게》, 의상조사의 《법성게》, '나를 찾는 108 참회 기도문'을 독송했는데 4년 만에 다시 재개하고 성지순례 할 사찰에 대한 안내를 들으며 순례길에 나섰다. 4대 적멸보궁 순례와 3대 해수관음도량 순례, 세배를 드리기 위해 세 분의 큰스님을 친견하고 마음방생을 하며 음력 2월 7일까지 9개의 사찰 순례를 마쳤다.

정월부터 2월 순례가 이어지는 동안 회장님은 회원과 그 가족들의 건강과 만사형통을 바라는 간절함으로 매일 저녁 목욕재계하시고 기도를 마치신 후, 경명주사로 삼재부적을 쓰시고 보궁기도 때마다 올리신 후 4대 보궁 순례와 3대 관음도량 순례를 마친 후 나누어주시며 감히 아무나 하지 못하는 자비와 베풂을 여러 해 동안 이어가고 계신다. 회장님의 간절한 기도와 지극정성 덕분에 무설불자회는 늘 무탈하게 성지순례를 다닐 수 있었고 회원들 각각의 가정도 무장무애하게 지내고 계신 것으로 알고 있다.

10년 전 서원했던
인도 성지순례

61번째 생일을 의미 있게 보내고 싶어 인도 성지순례를 꿈꾸어왔었다. 때마침 10년 전 성지순례를 마치고 돌아오는 버스 안에서 '무설회도 인도 성지순례를 위한 적금을 단체로 들자.'는 말이 나왔다. 마음먹은 것이 이루어지겠다고 좋아하며 1년여 넘게 입금했는데 아쉽게도 무산되어 실망이 컸었다.

　인도 성지순례를 언제 갈 수 있을지 늘 아쉬웠는데, 지난해 9월 회장님께서 '상월결사 인도 순례단'이 2023년 2월 9일부터 3월 23일까지 43일 동안 인도 순례를 하시니 '기원정사 회향 법회'가 진행되는 3차에 무설회도 동참하자고 말씀하셨다. 너무 기뻐서 '무조건 가야지.'라고 마음먹었다. '상월결사 인도 순례단'과 기원정사에서의 회향 법회에 동참하는 순례 일정이라니, 부처님의 가피가 아닐 수 없었다. 그날 저녁 남편에게 2023년 3월에 8박 9일 동안 인도 성지순례를 꼭 가고 싶다며 일정을 말하니 '많이 힘들 텐데.'라면서도 무언의 승낙을 해줘서 참 고마웠고, 일사천리로 신청서와 필요한 서류를 접수하였다.

　음력 2월 7일까지 9개의 사찰 성지순례를 마치고 양력 3월 2일은 회장님이 회주가 되어 무설회 설판으로 마곡사에서 생전예수재 입재를 하고 초재와 3월 15일 2재를 지냈다. 때마침 2재일이 시아버님 기일이라 며칠 전에 가족들과 산소를 다녀온 후 겸사겸사 절에서 재를 올려드리고, 다음 날인 2023년 3월 16일 14명의 무설회 회원은 부처님 나라 인도를 향하여 출발하였다.

　델리 도착 다음 날, 라즈기르에 있는 인도 최초의 불교대학인 나란다대학 터를 순례하고 부처님이 《법화경》을 설하신 영축산에 올라 주석 스님의 주관으로 예불을 올리며 가슴 벅찬 눈물을 흘렸다. 그리고 최초의 사찰인 죽림정사를 순례하고, 어둠이 내려앉을 무렵 부처님이 깨달음을 얻으신 마하보디사원에 도착했다. 부처님께 가사 공양을 올리고 보리수나무 아래에서 주석 스님의 안내로 명상의 시간을 가진 후 7선처, 금강좌, 수자타 스투파 등을 순례했다.

셋째 날은 바이샬리로 이동하여 최초의 비구니 승단이 꾸려진 대림정사 터와 원숭이 연못, 세계에서 가장 큰 아쇼카왕 석주 등을 마주하고 주석 스님 주관으로 예불을 올린 후 명상과 스님들의 짧은 법문을 들었다. 그리고 부처님 진신사리를 모신 사리탑 유적과 부처님 발우를 모신 케사리아 스투파를 참배하고, 늦은 시간 쿠시나가르에 도착하며 그날의 일정을 마쳤다.

넷째 날 아침엔 4대 성지 중 한 곳인 열반당을 참배했다. 무설회에서 준비한 가사 공양을 올리기 위해 조심스럽게 회원들과 함께 가사를 펴들고 들어가 부처님을 친견하는 순간 웬지 모를 눈물이 펑펑 쏟아졌다. 그동안 살아오며 알게 모르게 지었던 죄를 참회하는 눈물, 불심의 씨앗이 싹을 틔워 이만큼 자랄 수 있게 한 불연에 대한 감사의 눈물, 업장소멸의 눈물, 회원들과 부처님 나라까지 마음 편히 올 수 있게 해준 여러 상황들에 대한 감사의 눈물, 앞으로 부처님의 가르침을 실천하는 불자가 되겠다는 다짐의 눈물들을 흘리며 《반야심경》과 《신묘장구대다라니》를 봉독했다. 아쉬움을 뒤로하고 열반당을 돌아 나오니 왠지 모르게 가슴이 먹먹하게 느껴졌다. 부처님의 다비식이 거행되었던 다비장에서 주석 스님, 네 분의 스님과 《금강경》 독송을 한 뒤, 부처님께서 24안거를 하셨고 《금강경》을 설법하신 기원정사가 있는 쉬라바스티로 향했다.

다섯째 날은 수닷타장자 스투파와 앙굴리마라 스투파를 순례하고 '상월결사 인도 순례단' 회향 법회가 열리는 기원정사로 향했다. 입구에서 '108 순례단'을 맞이하는 순간 눈물이 왈칵 쏟아졌다. 저절로 고개가 숙여지며 그저 "감사합니다. 고생하셨습니다."라는 말만 반복했다. 순례 동안 모시고 걸었던 부처님을 여래향실에 모시고 '108 순례단'의 예경을 시작으로 인도에서의 1,167km 걷기 '상월결사 인도 순례 생명존중 붓다의 길을 걷다' 기원정사 회향 법회를 했다. 사부대중의 《금강경》 독송 소리가 기원정사에 울려 퍼지니 신심이 절로 났고, 다시없을 자리에 동참하니 가슴이 뭉클하며 감사하지 않은 것이 없었다. 그렇게 기원정사 회향 법회를 마치고 네팔 룸비니로 향했다.

여섯째 날은 부처님 탄생지인 룸비니 동산을 여유롭게 걷기명상하며 마야데비사원으로 가서 부처님이 태어나신 곳을 참배하고, 주석 스님과 함께 보리수나무 아래에서 예불과 《금강경》을 독송했다. 그리고 생각도 못 했던 관불의식에 동참하며 아쇼카왕 석주와 구룡못을 순례하고 한국 스님들이 주석하시는 대각사에 들러 부처님께 예를 올리고 공양물을 올린 후 인도 고락푸르로 이동했다.

일곱째 날 아침, 여섯 시간에 걸쳐 바라나시 사르나트에 도착하여 5비구께서 부처님을 맞이한 영불탑을 순례했다. 4대 성지 중 한 곳인 부처님 최초의 설법지 녹야원에서 주석 스님과 네 분의 스님, 순례단 일행은 마지막 법회와 명상의 시간을 가졌다. 그리고 8박 9일 동안 친절하게 76명의 일행을 안내해주신 현지 가이드 네 분, BTN과 BBS 방송국 관계자들에게 감사의 마음을 전하고, 무탈하게 순례하고 있는 자신에게도 박수를 보내며 인도 성지순례의 막바지를 보냈다. 예불 때마다 순례단 76명 하나하나 축원해주신 주석 스님께 감사의 마음을 전한다.

　녹야원에서 출토된 불상을 모셔둔 사르나트 박물관을 관람하고 늦은 오후, 인도인들이 어머니의 강이라 여기는 성지 갠지스강에 도착해 저녁노을을 뒤로하고 보트에 몸을 맡기자 만감이 교차했다. 21세기 4차산업혁명 시대에서는 인간의 생사가 동시에 공존하고 있음을 알고 있었지만, 눈앞에 펼쳐진 갠지스강 현실을 바라보니 놀라웠다. "꽃초에 소원을 담아 갠지스강에 띄우며 기도하세요."라는 가이드 리쉬의 안내로 꽃초를 받았다. 순간 더 예쁜 꽃이 눈에 띄어 바꾸어달라고 했더니 빙그레 웃으며 "부처님이 욕심을 내려놓으라고 했는데요."라는 말에 정신이 번쩍 들었다. 관광이 아닌 순례를 하겠다는 간절한 바람을 10년 전부터 품었다가 드디어 부처님 나라에 왔는데, 아직도 내려놓지 못하고 작은 것에 탐심을 내고 있는 어리석음을 알아차리니 부끄럽고 창피해서 갠지스강에 진하게 드리워지는 어둠만큼이나 내 마음도 편하질 않았다. 호텔로 오는 내내 참회하고 저녁 식사 안내를 하고 있는 리쉬 가이드에게 살며시 다가가 "알아차릴 수 있게 얘기해줘서 고마워요. 리쉬 덕분에 참회하고 있어요." 하니 고개를 끄덕이며 미소만 지었다.

인도에서 보내는 마지막 밤, 함께 모여 순례 기간 동안 경험한 소감을 나누는 자리에서 '수행자'(리쉬)의 의미를 담고 있는 가이드 리쉬와 나눈 얘기를 용기 내어 꺼내놓으며 '나 자신을 찾는 길은 정말 어렵다는 것'을 몸소 체득하고 느끼며 일곱째 날 일정을 마무리했다.

마지막 날은 바라나시를 출발하여 델리에 도착, 오후까지 관광을 한 후 10여 년 전부터 꿈꾸어왔던 인도 성지순례를 마쳤다. 한국행 비행기에 오르며 '8박 9일의 순례 일정을 함께한 14명의 무설회 도반들과 다섯 분의 스님들, 60여 명 순례단과 방송국 관계자 모두 무탈하게 부처님 나라에 왔다 갈 수 있어서 감사드립니다. 행복했습니다.'라고 마음속으로 인사를 드렸다.

2010년부터 지금까지 수행과 신행, 부처님 법을 몸소 실천하시며 아낌없이 나누시는 이채순 회장님, 순례 때마다 3, 40여 명 분량의 아침 공양과 점심 공양을 손수 지어서 지금까지 보시하시는 배연순, 이의주 채공님 덕분에 이른 새벽 집을 나서 기도하느라 허기진 회원들의 몸과 마음이 행복하게 채워지고, 회원들에게 일정 공지를 보내고 참여 여부를 체크하며 역할에 책임을 다하는 총무님, 순례길에서 봉사하시는 임원진에게 고맙고 감사하다.

많은 불연들의 에너지와 파장으로 불심의 싹이 터서 조금씩 자라고 있으니 내가 불자의 길을 찾은 것은 인생 최고의 행복이 아닐 수 없다. 어떤 열매를 맺을지는 아직 알 수 없지만 나를 찾아가는 길은 계속될 것이다. 바람이 있다면 불자가 된 후 세 번째 서원으로 이렇게 써본다.

첫 번째, 오랜 시간이 걸리더라도 남편과 부처님 법 공부하며 절에 함께 가기.
두 번째, '상월결사 인도 순례단'이 걸어온 1,167km 붓다 로드가 10년 안에 아니, 그 후라도 천주교 순례길인 스페인 산티아고처럼 불자들의 순례길이 되어, 10년 후 즈음에는 무설회 회원, 도반, 남편과 함께 걷기.
세 번째, 누군가에게 불심의 씨앗 뿌리며 문수보살님의 지혜와 보현보살님의 실천으로 바른 부처님 법 전법하기.

내 안에서 불심의 씨앗이 혼자 뿌려져 홀로 싹트지 않았으며 홀로 자라고 있지 않다. 나를 둘러싼 다양한 불연들이 있었고, 늘 성지순례 때마다 기도 잘하고 무탈하게 다녀오라고 염려하며 불심에 자양분이 되어준 도반, 해가 더해갈수록 내 신행생활에 묵묵히 관심 가지며 이따금씩 부처님께 불전 올리고 보시하라고 신권도 챙겨주고 공양 올리라 지원해주는 남편 덕에 튼튼히 뿌리내리며 행복하게 자라고 있다는 것을 새삼 알아차린다.

지금 여기에 저와 연결 지어진 소중한 인연들에게 감사드립니다.
거룩하신 부처님께 감사드립니다.
거룩하신 가르침에 감사드립니다.
거룩하신 스님들께 감사드립니다.

| 중앙신도회장상 |

봄꽃이 눈처럼 내리던 날
어머니를 보내며

보덕심 이희숙

봄이 되면
나는 늘 아프다

초하루 스님의 법문이 이어진다.

"인간의 삶이란 인연 따라 왔다가 인연 따라 가는 것. 조건에 의해 만났다가 조건에 의해 흩어지는 것. 내가 아니라는 것. 내 것이 아니라는 것. 그래서 늙어지는 것, 죽는 것을 두려워하지 마세요. 살아 있는 동안 열심히 나눔을 하세요."

법문을 들으면서 고개를 끄덕이고 있지만 오롯이 받아들이지 못하는 자신을 본다. 《반야심경》의 공(空)을 지금도 완전하게 이해하지 못한다. 마음속에서 솟아오르는 의구심으로 스스로 집착을 가진 삶을 살아온 때문일까?

첫돌도 지나지 않았을 때 아버지가 병으로 돌아가셨다. 가부장적인 문화의 사회에서 젊은 나이에 네 아이를 키우며 살아가야 하는 어머니에게는 가혹한 운명이었을 것이다. 나는 아버지의 정이라고는 알지 못한 채, 막내이다 보니 어머니의 아픔이나 힘듦도 모른 채, 철없이 살았다.

생계에 바쁜 어머니도 부처님오신날이 되면 어린 내 손을 잡고 자주 다니시던 절에 갔다. 절은 오색의 등이 만개한 봄꽃과 어우러져 그림같이 아름다웠고, 어린 나는 어머니와 소풍이라도 가는 양 노래를 부르며 깔깔거렸다. 어머니를 따라 조그마한 두 손을 모으고 부처님을 향해 절을 했다. 어머니는 빙그레 웃으시며 나에게 절하는 법을 가르쳐주셨다.

그때는 어려서 잘 몰랐지만 어머니의 절하시는 모습은 비장하리만치 절실해 보였다. 아마도 우리 4남매가 잘되기를 바라는 마음이 아니었을지, 오랜 시간이 지난 뒤 알게 되었다. 어머니의 힘들고 모진 삶에 지탱이 되었던 부처님과 나의 만남은 그렇게 시작되었다. 그러나 젊은 날엔 직장에 다니느라 절에 가면 그냥 삼배만 하는 정도였고 법문을 공부할 인연은 오지 않았다.

결혼 후 둘째 딸을 낳고 산후조리를 할 때 어머니가 오셨다. 기저귀도 개어주시고 미역국도 맛있게 끓여주시고는 첫아이도 딸이

어서인지 '아들을 낳았으면 좋았을 텐데…'라고 말씀하시고 가셨다. 그런데 다음 날 돌아가셨다는 연락을 받았다. 도저히 믿기지 않았다. 죽음이라니. 어릴 때부터 늘 따라다니던 죽음에 대한 의문이 다시 떠올랐고 사람은 왜 죽는가, 죽어서 어디로 가는 것인가에 대한 질문과 감정이 한꺼번에 올라와 얼어붙은 사람처럼 눈물이 나오지 않았다.

아버지 없는 나에게 어머니는 유일한 삶의 의지처였다. 그런 어머니를 사랑한다는 말 한마디 하지 못한 채 보낸 것이다. 죽음이 이런 것인가? 이럴 수는 없는 것이다. 뒤늦게 몸부림치며 울었다. 우리 4남매는 어머니의 임종을 보지 못했다는 회한과 효도할 시간조차 없이 헤어져야 했던 죄책감으로 오랜 세월을 힘들게 보내야 했다.

봄꽃이 눈처럼 바람에 흔들리며 내린다. 어머니를 보낸 봄은 수없이 오고 갔다. 나는 늘 봄이 되면 아프다. 꽃비가 내리는 봄이 되면 울며불며 떠나보낸 어머니와, 어머니가 자주 다니시던 절에서 49재를 지낸 뒤 그 고즈넉한 풍경 속에 하염없이 멍하니 앉았다 오던 나를 떠올리기 때문이다.

당시 나는 어린 딸 둘을 키워야 하는 처지였기에 49재를 마친 뒤 집 근처 가까운 절에 새벽마다 다니기 시작했다. 법당에서 염불 소리만 나도 하염없이 눈물을 흘렸다. 내 마음속에 있던 온갖 감정들이 올라와 울고 또 울었다. 내게 이렇게 많은 눈물이 있을 거라곤 생각지 못했다.

'우리 엄마는 어디로 가셨을까요?'

'부처님, 나는 어떻게 살아야 하나요?'

부처님을 향해 수없이 물었다. 부처님은 언제나 빙그레 웃고 계셨다. 나는 답을 찾기 위해 오랜 시간 한없이 헤매었다.

자리이타 自利利他
- 자신뿐 아니라 남을 위하여 불도를 닦는 일

오래전부터 우리 절 스님은 조금 다른 방법으로 포교를 하셨다. 불자들에게 수행을 기본으로 하면서도 사회복지 차원에서 복지의 사각지대를 찾아다니며 봉사하도록 하셨다. 도반들과 팀을 나누어 구치소, 교도소에 가서 어려운 사람에게 영치금도 넣어주고, 케이크와 음식 등을 준비해서 생일을 축하해주는 봉사를 하였다. 정신병원, 결핵병원 등에 가서 청소하고 김치와 반찬 등을 전달했다. 어르신들을 위한 봉사와 지역사회 어려운 이를 돕는 일이라면 마다하지 않고 찾아다녔다. 시간이 안 되는 사람들은 말없이 보시금을 내어 동참하는 마음을 보태었다. 스님께서는 남을 위해 시간과 마음을 나누는 것이야말로 진정한 보시와 수행이라는 것을 체득하여 알게 해주셨다.

《금강경》〈묘행무주분〉에 이런 구절이 있다.

"보살은 마땅히 그 어디에도 머무는 바 없이 보시를 해야 하나니 이른바 모양에 얽매임 없이 보시해야 하며, 소리나 냄새나 맛이나 감촉이나 생각에 얽매임 없이 보시를 해야 하느니라. 수보리여 보살은 마땅히 이와 같이 보시하여 어떠한 상에도 집착하지 말아야 하느니라."

그때 우리들의 마음은 환희심으로 가득하여 대가를 바라지 않는 순수한 마음으로 봉사하였고, 부처님 뜻을 따라 실천했다는 기쁨만 가득했었다.

천진불 어린이와 함께한 시간들

큰딸이 대학교를 다니면서 몹시 아파 병원에 입원하게 되었다. 세상에 가장 슬픈 일은 사랑하는 사람이 죽는 것이나 아픈 것이라고 했다. 아이가 아프니 나는 죽을 것 같은 마음으로 부처님께 빌었다. 심장을 달라면 줄 것이고 나의 생을 딸에게 줄 수 있다면 주겠다는 절박한 마음으로 부처님께 매달렸다. 봉정암에 백일기도를 붙이기도 하고 가는 절마다 기와 불사를 하였다.

'부디 딸아이가 건강하게만 해주세요. 자신을 낮추어 남을 위해

남은 시간을 보내겠습니다.'

그동안 나는 부처님께 기도할 때마다 구하는 기도를 하지 않았다. 무엇을 달라고도 하지 않았다. 나는 그저 '이 생을 잘 살다가 가겠습니다. 잘 살아보겠습니다.'라고 기도하였다. 그러나 아이가 원인도 모르고 아프자 부처님 앞에서 울면서 도와달라고 기도하게 되었다. 내가 아이를 잘못 키운 것일까, 바쁘게 사느라 좀 더 사랑해주지 못해서 그런 것일까 자책하면서 기도를 하였다. '광명진언'을 외우면 좋겠다는 스님의 말씀에 따라 매일 아침저녁으로 온 마음을 다해 '광명진언'을 외웠다.

부처님의 가피였을까? 시간이 지나면서 아이의 몸이 조금씩 회복되었고 일상생활을 할 수 있을 만큼 좋아졌다. 나는 눈물을 흘리면서 부처님을 향해 '감사합니다. 고맙습니다.'라고 수없이 절을 하였다. '보왕삼매론'의 열 가지 짧은 가르침도 삶을 살아가는 데 힘이 되었다.

"몸에 병 없기를 바라지 말라. 몸에 병이 없으면 탐욕이 생기기 쉽나니 그래서 성인이 말씀하시되 '병고로써 양약을 삼으라' 하셨느니라."

그 일이 우리 가족을 더 단단하게 하는 계기가 되었다.

그때부터 딸과 함께 일요일마다 하는 어린이 법회에 봉사하기로 하고 어린이 법회 지도자 과정을 이수하였다. 어린이는 불교의 미래이니 꼭 어린이 법회는 해야 한다는 큰스님의 말씀에 따라 일요일마다 천진불 어린이들과 놀면서 불교의 기본 교리를 다시금 공부하는 시간을 보냈고, 어린이 법회를 어떻게 하면 활성화할 수 있을지 어린이 법회 책임자이신 선생님과 함께 고민하였다.

어린이 법회를 한다는 것은 쉬운 일이 아니었고 오랜 시간을 함께한 어린이 법회를 그만두게 되었을 때는 정말 마음이 아팠다. 저출산 시대라 아이들 수도 적지만 아이들의 눈높이를 맞추지 못한 부분도 있지 않았나 후회되었다. 포기하지 않고 끝까지 하지 못한 것에 대해 한동안 마음이 힘들었다. 지금도 어린이 법회를 하는 절이 있다면 모두가 어떤 방법으로든 적극적으로 도와주어야 한다는 생각이 간절하다.

상담을 만난 행복

어릴 때부터 책을 좋아했고 공부도 잘했었다. 그러나 가난하였고 어머니가 힘들까 봐 공부하고 싶다는 말을 못 하고 직장을 선택하였다. 아이들을 다 키우고 봉사를 하면서 좀 더 체계적인 공부를 하고 싶다는 욕구가 올라왔다. 그러다 우연히 사회복지법인에서 일하게 되면서 사회복지 공부를 하게 되었고 상담이 무엇인가를 알게 되었다. 직장 다니고 집안일도 하면서 공부한다는 것은 쉽지 않았다. 그래도 몸은 힘들지만 마음은 즐거웠다. 사람을 도와주는 여러 가지 방법 중에서도 마음 아픈 사람을 도와주는 일이 가장 가치 있는 일이라는 생각이 들어서였다.

이론과 기술은 배우고 훈련하면 되지만, 그에 못지않게 자신의 내면이 단단해야만 할 수 있는 것이 상담이었다. 나는 겉으로는 바쁘게 살면서 즐겁게 봉사한다고 다녔어도 미해결 과제처럼 늘 마음은 외롭고 슬펐다.

명상에 관심이 많아 명상지도사 공부를 할 때였다. 각자의 어린 시절을 돌이켜보는 시간에 나는 어머니를 만났고 지금도 어머니만 생각하면 슬프다고 했다. 그때 명상을 지도하시던 스님께서는 나의 말을 듣고 이렇게 말씀하셨다.

"슬픔이란 감정을 왜 스스로가 꼭 잡고 있는지…. 그냥 놓아버리면 될 텐데…"

스님의 말씀이 머리를 쳤다. 내가 오랫동안 슬픔이란 감정을 꼭 쥐고 혼자 그것을 키우고 있었음을 비로소 알았다. 그냥 놓아버리면 되는 것이었다. 그날 이후 슬픔이라는 감정을 놓아버렸다. 슬픔과 함께 비로소 어머니를 보낼 수 있었고 나는 자유로워졌다. 정말 마음이 편안해졌고 여러 가지 감정을 바라볼 수 있는, 알아차릴 수 있는 여유를 갖게 되었다.

상담을 공부할수록 불법이 상담과 비슷하다는 점이 놀라웠다. 명상이 부처님의 《대념처경》을 기본으로 하고 있다는 것도 알았다.

'세상에 대한 욕심과 싫어하는 마음을 버리면서 근면하게, 분명히 알아차리고 마음 챙기는 자 되어 머문다.'

몸, 느낌, 마음, 법 네 가지 마음챙김의 확립이다. 자기 자신을 알아차리고 분명하게 알아차림 하여 행하라고 하였다. 행복의 길, 해탈의 길을 알려주신 부처님이 경이로웠다.

봉사단체 미소원과
함께 가는 세상을 향해

35년 전 스님의 봉사단체 시절부터 시작된 장유정 이사장님과의 인연이 오랜 시간 이어져왔다. 이사장님이 11년 전 수행 및 봉사를 하는 미소원을 사단법인으로 만들어 뜻을 같이하는 회원들과 즐겁게 봉사하자고 하여 도반들과 함께 참여하게 되었다. 우리는 청소년부터 노인까지를 대상으로 체계적인 봉사를 하기 시작하였다. 소년원 청소년들의 상담 멘토, 구치소 교육 교정위원으로 자살 위기 상담 및 이사장님을 따라 여사(女舍) 법회에도 가끔 시간을 내어 참석하여 법을 전하기도 했다. 쪽방에 사는 독거노인들을 위한 밑반찬 배달, 장애인과 다문화가정에 장학금 및 생활지원금 지원

등 여러 가지 일을 하였다.

인생에서 누구를 만나느냐, 누구와 함께하느냐에 따라 인생의 가치와 풍성함이 달라진다고 하였다. 함께 가는 세상을 만드는 미소원에서 우리 도반들이 함께 봉사할 수 있다는 것은 이번 생에서 부처님 법 만난 일 다음으로 나에게는 큰 선물이고 행운이었다. 부처님께서 말씀하신 대로 우리는 내가 부처라는 마음으로 주인의식을 가지고 각자 잘하는 것, 각자가 할 수 있는 일을 스스로 선택하여 봉사하고 있다. 누군가 이런 말을 하기도 했다. 여러 단체가 있고 각 단체마다 시끄러운 일도 많아서 갈등을 빚기도 하는데 미소원 회원들은 서로를 배려하는 마음이 느껴진다며 부러워했다. 회원 모두 끊임없이 자기 수행을 하면서 봉사를 하기 때문이리라.

구치소 교정위원으로 상담 봉사 가는 걸 아는 사람들이 종종 "세상에 착한 사람도 많은데 왜 죄지은 사람들에게 가서 상담하느냐?"라고 물었다. 우연히 인연이 되어 구치소 봉사를 하게 된 것도 있지만 "모두가 소중한 사람이다. 어리석음 때문에 지은 죄이기에 죄에 대한 대가를 치르고 다시 자신의 삶을 잘 살아갈 수 있도록 도와주고 싶어서다."라고 말했다.

상담이 끝난 어느 날 구치소 소장님과 차 한잔 나누는 시간이 있었다.

"소장님은 왜 이 일을 하시는지요?"

나의 질문에 불자셨던 그분은 이렇게 대답하셨다.

"우리는 사회라는 큰 원 속에서 그들과 같이 살고 있죠. 그 원에는 평범한 착한 사람들이 대부분이지만 살인자, 성폭력자, 마약범, 절도, 사기 등 수없이 많은 범죄를 저지른 사람들도 있습니다. 이 사람들을 교정, 교화하지 않으면 사회에 나갔을 때 자신들의 불평등함에 화가 나서 평범한 사람들에게 해를 끼치고 살게 될 수도 있습니다. 그들도 잘 살아갈 수 있게 환경을 만들어주어야 하죠."

어차피 같이 살아가야 한다면 그들에게도 살아갈 수 있는 기회를 주어야 한다는 것이었다. 교정, 교화에 힘쓰면서 구치소나 교도소에 가서 그들을 위해 기도하고 법문하는 스님들, 혹은 법사님들을 뵈면 참으로 남다른 생각과 행동으로 포교를 실천하시는 분이라는 생각이 들었다. 법회를 하시는 큰스님은 교도소, 구치소 법회 중에 이렇게 말씀하신다고 하셨다.

"여러분과 내가 다를 것이 무엇인가. 머리를 깎고 회색 옷과 회색 장삼, 자유가 없는 삶, 고무신을 신은 나나 당신들 똑같지 않은가. 이곳에서 수행한다고 생각하고 부처님의 법을 공부하여 해탈의 길을 찾아가길 바란다."

어리석음으로 고통의 밑바닥에서 가장 힘들어하는 사람들에게, 당신 편이 되어줄 것이니 힘을 내라는 한 가닥 희망의 끈이 되어주고 있는 것이다. 코로나 이후 상담을 하지 못하고 있지만 나를 만난 사람 중 조금이라도 잘 살아가겠다고 마음을 바꾼다면 나의 봉사는 헛되지 않으리라.

미혼모와
아기 살리기

5년 전 큰스님과 몇 분의 스님 그리고 재가자분들이 뜻을 같이하여 사람들이 모두 행복했으면 좋겠다는 취지로 국민행복실천운동본부라는 사단법인을 만드셨다. 행복을 위한 여러 가지 포럼 및 교육, 프로그램을 진행하면서 소중한 생명 살리기를 하면 좋겠다고 하였다. 그래서 제도권 안에 들어오지 못하고 복지의 사각지대에서 힘들어하는 미혼모들에게 도움이 되었으면 하니 미혼모 상담을 해주겠냐고 물으셨다. 나는 "네, 알겠습니다."라며 기꺼이 승낙하였고, 아이의 생명을 살리는 데 도움이 되면 좋겠다는 마음으로 상담을 하게 되었다.

　원하지 않는 임신을 했으나 낙태할 수 없을 만큼 아기가 커버린 미혼모, 사회적으로나 가족에게조차 지지받지 못하는 미혼모들이 센터에 찾아오면 상담하고 설득도 하여 올바른 선택을 하게 한다. 서울에 있다는 베이비 박스와는 다른 차원에서 돌봐주고 아기에 대해 잘 선택할 수 있도록 2주간 생각을 정리할 시간을 주면서 상담한다.

아이를 키우든, 입양을 보내든 아이는 출생신고를 꼭 해야 하는데 그런 부분을 두려워하는 미혼모들이 많다. 그들의 환경과 상황을 이해하고 아이를 키우겠다고 결심하면 공적 자원의 정보를 제공하고 민간단체의 지원을 연결해주어 아이를 키우며 살아갈 수 있게 도와준다. 이 기관은 부산 홍법사가 '행복드림센터'라는 이름으로 개원한 시설로, 미혼모를 위한 지지 및 지원을 하고 있다. 불교계에서는 이런 일을 처음 시작한 곳이다. 홍법사 스님은 다른 일도 많이 하고 계시지만 아이 생명 살리기와 미혼모를 위한 지원은 사회를 위한 거시적인 생각이 아니면 할 수 없는 일이기에 참으로 존경스럽다.

우리가 물고기를 방생하는 것도 생명을 살리는 것이지만 저출산 시대에 아기를 살릴 수 있는 일에 동참하는 것 또한 수행이라는 생각으로 기꺼이 하고 있다. 행복드림센터에 아기가 들어오면 모든 일을 제쳐두고 아기와 산모를 돌보는 자원봉사자들도 참으로 보살이 아닐 수 없다. 불교를 통해 좋은 인연, 좋은 도반을 만나는 행복에 참으로 감사했다.

행복드림센터를 거쳐 간 미혼모 중 지금도 열심히 아이를 키우며 한 달에 한 번 자조 모임에 오시는 분도 있고, 여러 가지 지원을 해주는 분들도 있다. 그들이 당당하게 아기와 함께 살아가는 모습을 보는 것이 우리가 받은 선물이다.

크나크신
부처님의 사랑

평생을 나는 늘 바빴다. 왜 바쁜지도 모르면서 바쁘게 살아왔다. 스스로 일을 만들어서 바쁘게 사는지도 모르겠다. 그래서 늘 마음속에 의문이 있었다. 일이 바쁘다는 핑계로 수행을 깊이 하지도, 열심히 하지도 않고 있다는 마음 때문이었다. 불교대학도 이수하였고 좋은 법문도 듣고 있지만 자신감이 없었고, 수행을 열심히 하는 도반을 보면 부끄러운 마음이 들었다. 우연히 가게 된 절에서 스님의 제안으로 일행과 함께 차를 마실 기회가 있었다. 감사한 마음으로 차를 마시며 이야기를 나누던 중 내가 조심스럽게 스님께 질문하였다.

"스님 저는 왜 늘 바쁨 속에서 초하루, 보름, 이런 날도 챙기지 못하고 살아가는 것일까요? 저의 게으름 때문인가요?"

스님께서는 이렇게 말씀하셨다.

"보살님, 귤이 제주도에서 우리에게 오기까지는 많은 사람의 손을 거치고 오는 것입니다. 각자가 자신의 일을 열심히 해서 우리가 맛있게 먹게 되는 것이지요. 꼭 절에 와서 하지 않아도 자신의 일을 열심히 한다면 그것 또한 수행입니다."

사람은 자기가 듣고 싶은 말만 받아들인다고 하였는데, 나 역시 열심히 수행하지 않는 나를 스님의 말씀으로 합리화하면서 이렇게 발원하였다. 내가 가진 능력을 나와 인연 되어 만나는 사람에게 나누어주기, 잘하려 하기보다 있는 그대로의 나로 할 수 있는 만큼만 하기, 그냥 기꺼이 하기, 아무것도 바라지 않기, 건강이 허락하는 날까지 하기, 살아오면서 만나진 모든 인연에 감사하며 부처님 만나 상담을 만나 행복해진 나를 사랑하기. 그리고 '부처님, 오늘도 잘 살아보겠습니다. 잘 살다가 가겠습니다, 지켜봐주실 거죠?'라고 기도한다. 부처님께서는 어머니 같은 미소를 띠고 언제나처럼 나를 내려다보실 것이다. 삶에서 부처님은 언제나 나의 든든한 의지처였다. 어머니처럼.

상담소에서 퇴직하고 조금은 자유롭게 프리랜서로 일할 즈음 늦은 나이였지만 도반의 권유로 합창단에 들어갔다. 찬불가 하나하나를 배우고 부를 때마다 눈시울이 붉어졌다. 법문이 노래 속에 녹아 있었고 가사들이 가슴에 와닿았기 때문이다. 불교를 포교하는 방법은 여러 가지지만 아름다운 찬불가를 부르며 포교를 할 수 있어서 참 기쁜 시간이었다. 지휘자님은 언제나 개구쟁이 같은 얼굴로 웃으시며 가사에 담긴 부처님 이야기를 재미있게 들려주신다. 덕분에 연습하는 내내 우리는 즐겁게 웃으며 찬불가를 배운다.

올해 봄에는 지휘자님이 계신 불교 중창단에서 신작 찬불가 발표회를 하게 되었다. 그날 공연장을 꽉 채운 사람들과 함께 노래하면서, 찬불가가 얼마나 아름다운지 사람의 마음을 얼마나 움직이는지 확인하며 모두 감동의 시간을 가졌다.

합창단이 아니라도 절에 오시는 신도님께 찬불가를 하나씩 가르쳐주어 부를 수 있도록 하면 법회가 더 재미있고 함께하는 감동과 환희로움이 있지 않을까 그런 생각을 해보기도 했다.

법회 중 부처님께 꽃을 헌화하는 시간이 있었다. 꽃을 든 보살님이 정성을 다하여 부처님 전에 올리고, 합창단들이 고운 목소리로 아름답게 노래를 부른다.

"꽃을 바치나이다. 꽃을 바치나이다. 님께 바칠 것은 피어지는 꽃이니라."

순간 눈물이 멈추지를 않았다.

'아! 사랑하는 님, 부처님께 나는 커다란 사랑을 받기만 하였구나. 나는 그냥 받기만 하였구나. 크신 부처님의 법을 따라 여러 스님께서 던져주신 법문과 답을 받기만 하였구나. 나는 그렇게 사랑을 받고 살아왔구나.'

흐르는 눈물을 닦아야 한다는 생각도 없이 마음속으로 수없이 절을 하고 절을 하였다.

부처님 법 만난 것 감사합니다. 고맙습니다.

―법보신문 사장상―

심주(心珠)로
다시 살다

―

심주 이수현

나는 나에게 주어진 삶을 최선을 다해 바르게 살고 싶었다. 한 남자를 만나 사랑을 했고, 아들과 딸을 두었다. 아내로서 남매의 엄마로서 하늘을 우러러 한 점 부끄럼 없이 살았다고 자부한다. 그러나 아들이 대학생, 딸이 수능을 앞두었던 때, 내 인생의 전부라고 믿었던 남편이 다른 여자와 만나고 있다는 사실을 알게 되었다. 나는 내 인생을 반석 위에 올려놓았다고 여겼었는데, 외도의 광풍(狂風)이 한번 몰아치니 내가 디디고 있던 땅은 그대로 싱크홀(sinkhole)이었다. 땅이 갑자기 푹 꺼지면서, 내 몸은 끝 모를 심연(深淵)을 향해 여기저기 부딪치며, 추락해가고 있었다.

　최선을 다한 삶의 끝에서 맞닥뜨린 배신감을 견뎌내기가 힘들었지만, 남편을 가정으로 돌아오게 만들어야 한다고 생각했다. 내가 아니라 아직도 아빠를 필요로 하는 자식들을 위한 선택이었다. 나는 자존심을 내려놓고, 좋은 말로 남편을 설득하였다. 그러나 젊은 여자에게로 옮겨간 남편의 마음이 돌아올 가능성은 전혀 없었다. 나를 받치고 있던 기둥이 무너졌고, 삶의 지향점을 상실하고 말았다는 것을 인정할 수밖에 없었다. 그것은 살고 싶은 의욕을 빨아들이는 블랙홀이 되었다.

    식욕이 싹 달아나면서 밥은커녕 물 한 모금도 목구멍으로 넘길 수가 없었다. 심장이 불규칙적으로 요동치면서 깊고 푸른 우울의 장막이 나를 뒤덮었다. 죽으면 고통에서 해방된다는 악마의 속삭임이 이명(耳鳴)처럼 귓전을 맴돌았다. 그래, 죽으면 끝이야. 푸른 물이 넘실대며 어서 오라고 나를 유혹했고, 달리는 차로 뛰어드는 상상을 시도 때도 없이 하던 끝에, 약국을 순례하며 수면제를 사 모으기 시작하였다. 목을 매거나 산에 올라가 벼랑에서 떨어지는 등 여러 가지 방법을 검토하다가 수면제를 먹고 잠을 자듯 이 세상과 하직하는 것이 제일 좋겠다는 결론을 내렸던 것이다.

    자살 계획이 세워지자 그때부터 이 세상과 이별하는 작업에 착수하였다. 메모를 하고, 그것을 보면서 하나씩 실천에 옮겨나갔다. 벗어놓은 아이들의 옷을 깨끗이 세탁하여 정리해놓았고, 형제간이나 지인들을 만나 식사를 같이 했다. 평소 고맙게 생각했던 사람들을 만나는 순서가 끝나자, 마지막으로 그동안 다니던 절에 올라가서 부처님께 하직 인사를 드리기로 하였다.

나는 이웃에 살고 있던 언니를 따라 처음 절에 갔었고, 초하루와 보름이면 가급적 법회에 참석했었는데, 절에 가서 잘되기를 빌었던 남편이 나를 버리고 가정의 평화마저 산산조각이 나자 한동안 절에 찾아갈 의미를 찾지 못했던 것이 사실이다. 독실한 불자가 아니었다는 방증일 것이다. 독실한 불자도 아니면서 왜 마지막으로 우리 절 부처님을 찾아뵐 생각을 했었는지, 지금 생각해봐도 모를 일이다.

언제나처럼 우이동 서쪽의 버스 종점에서 차를 내린 나는 하늘을 찌를 듯 솟아 있는 백운대를 향해, 계곡 옆으로 난 길을 따라 올라가기 시작했다. 일주문을 통과하고도 등에 땀이 흥건히 배어날 만큼 걸어 올라가서야, 지붕 위로 햇살이 내려와서 출렁이고 있는 당우(堂宇)들이 파노라마처럼 펼쳐진 가람의 품에 안길 수 있었다. 극락보전 안으로 들어가니 날을 골라서 간 것도 아닌데, 마침 보름이었다. 가는 날이 장날이었던 셈이다. 예참이 끝났고, 주지스님의 법문 순서가 이어지고 있었다.

"기독교에서는 살인하지 말라고 하는데, 우리 불교에서는 사람뿐만 아니라 살아 있는 모든 생명체를 죽이지 말라는 불살생계(不殺生戒)를 지키도록 하고 있습니다. 불살생계 중에서도 가장 무거운 과보를 받는 죄는 자기가 자기 생명을 죽이는 자살입니다."

나는 쇠뭉치로 뒤통수를 한 대 얻어맞은 것 같은 충격을 받았다. 마치 내 마음을 알고, 나에게 필요한 말씀을 준비해두었다가 들려주시는 것 같았다. 스님의 말씀이 이번에는 화살이 되어 내 가슴에 꽂혔다.

"자살보는 업장이 얼마나 두터운지 내가 온 법력을 다 기울여도 한 번으로는 천도가 되지 않더군요. 자살한 영가는 세 번 해도 천도가 잘 되지 않는 경우가 많습니다. 그만큼 업장이 두터운 거예요. 자살은 수십억 겁(劫)이 지나도 인간의 몸을 다시 받기가 어려운 중한 과보라는 말씀을 드립니다."

부처님만 뵙고 내려가면 수면제를 먹고 세상과 하직할 판인데, 스님의 법문이 정신을 번쩍 들게 만들었다. 이것은 우리 절 아미타부처님께서 나를 불러 가피를 내려주신 것이라고 여길 수밖에 없었다. 나는 고개를 들어 후불탱화와 팔상도, 극락구품도 등에 둘러싸여 있는 아미타부처님을 바라보았다. 나를 보고 빙그레 웃어 보이시는 것 같았다. 내가 절체절명의 위기에 놓여 있을 때 부처님께서는 이렇게 나를 살리신 것이었다.

주지스님의 법문은 마지막으로 나에게 살아갈 방도를 알려주셨다.

"여러분 힘드시지요?"

신도들이 합창으로 대답한다.

"네에!"

중생의 삶이란 남편의 배신이 아니라도 힘들기 마련인 모양이다. 전 신도들이 합창으로 힘들다는 것을 인정하자, 다음으로 스님께서 말씀하시었다.

"며칠 전에 생활고를 견디지 못하고 일가족이 자살했다는 뉴스를 텔레비전에서 보았습니다. 그래서 오늘 법회 때는 자살이 얼마나 엄중한 과보인지에 대하여 말씀드려야겠다고 생각하게 된 것입니다. 여러분, 힘들다고 스스로 자신을 죽이는 살생을 저지르면 그것은 해결이 아니라 영원히 해결하기 힘든 나락에다 자신을 빠트리는 일입니다. 우리 절 마애관음보살님은 영험한 보살님이십니다. 힘들면 관세음보살님께 매달리세요. 간절하게 염호하면 그 경중을 헤아려 반드시 가피를 내려주실 것입니다."

내 발길이 법회로 연결되었다는 것은 지금 생각해봐도 우연이 아니라 우리 절 아미타부처님의 가피다. 달리 설명할 길은 없다. 내가 꼭 필요한 때 필요한 말씀을 듣게 해주신 것을 가피라고 하지 않으면 무슨 인연법으로 그 우연을 설명할 수 있단 말인가.

나는 절에서 내려오자 수면제부터 버렸다. 비로소 정신을 차린 것이었다. 내 분신이고, 나의 전부인 아들과 딸을 두고 죽으려 했었다는 사실이 믿기지 않았다. 내가 시체로 발견되었을 때 자식들이 받았을 충격을 생각하니 온몸에 소름이 돋았다. 나는 자식들을 생각한다면 절대 스스로 목숨을 끊는 끔찍한 살생을 저질러서는 안

되는 어머니였다.

다음으로 나는 부실애정을 정리하는 작업을 하였다. 이혼장에 도장을 찍기 전에 아이들에게 물었을 때, 아버지를 따라가겠다고 하는 자식은 없었다. 그러고도 새 여자에게 온통 정신이 팔린 아버지라는 위인은, 자식들을 맡을 생각은 아예 하지도 않았다. 집을 판 돈에서 허름한 전세를 얻을 정도의 위자료를 받았다. 밤이슬을 피할 거처는 마련되었지만 아이들을 가르치고 먹이고 입혀야 할 돈이 없었다.

나는 그 막막한 순간에 관세음보살님께 매달리라고 하셨던 스님의 말씀을 떠올렸다. 스님께서 거짓말을 했을 리가 없었다. 나는 관세음보살님께 그야말로 매달리기로 결심하고 우선 《관음경(觀音經)》부터 한 권 구했다.

새벽 3시에 눈을 떠 목욕재계를 하고, 경전을 펼치는 것으로 하루를 열었다. 단순히 눈으로 경전을 보고 입으로 읽는 것을 넘어서서, 마음으로 보고, 마음으로 느끼며, 경전의 내용이 내 마음속에 또렷이 살아 있도록, 온 심혈을 기울여 간경(看經)하기 시작하였다. 그런 다음 아침 식사를 하고 아이들이 등교하면, 나도 집을 나서서 절로 향했다. 마애관음보살상 앞에 서서 두 손을 모은다.

"시방세계에 충만하신 관세음보살님이시여, 세세생생 지은 죄업을 모두 참회드립니다. 저희 아들과 딸이 배우는 일을 멈추지 않을 수 있도록 살펴주시옵소서."

이어서 개법장진언 '옴 아라남 아라다'를 3번 염송하고, 경의 이름을 또 3번 반복하였다.

나무실상묘법연화경 관세음보살보문품.
나무실상묘법연화경 관세음보살보문품.
나무실상묘법연화경 관세음보살보문품.

그런 다음 관세음보살을 계속해 부르면서 절을 했다. 해가 서쪽 하늘로 기울 때까지 계속된 절은 생각보다 많은 땀과 인내를 필요로 하는 것이었다. 장딴지에 알통이 배기고, 몸무게가 쭉 빠졌다. 나는 21일을 기도 기간으로 정하고 아침에 눈을 떠서 밤에 잠자리에 들 때까지, 버스를 타고 절을 오고 갈 때나 기도할 때나 밥을 먹으면서도 온통 관세음보살님을 생각하고, 사모하였다.

그렇게 21일이 되어가던 무렵의 어느 날이었다. 나는 다시 관세음보살을 목이 쉴 때까지 부르며 절을 하고, 파김치가 되어 산을 내려와서, 버스를 타고 집으로 돌아오고 있었다. 버스가 우리 동네에 도착하여 차에서 내리는데, 카트를 몰고 나에게로 가까이 다가오는 여자가 있었다. 전에도 여러 번 마주친 경험이 있어, 익히 얼굴을 알고 있는 야쿠르트 아줌마였다. 서쪽으로 자취를 감추기 직전의 햇님이 후광(後光)이 되어준 때문일까. 얼굴 가득히 환하게 웃고 있는 그녀의 웃음은 그대로 관세음보살의 미소 같았다. 관세음보살이 내가 사는 주변에서 같이 살고 있었다는 생각이 들었다. 반갑게 마주 웃으며 물었다.

"이렇게 장사를 하면 수입이 좀 돼요?"

"힘은 들지만, 이것 팔아서 애들 교육시키고 먹고사니까 결코 적게 버는 것은 아니죠. 큰 자본이 필요한 것도 아니에요."

순간 이거다 싶은 생각이 들었다. 마음이 다급해졌다.

"나도 이 장사 좀 할 수 있게 해주세요."

이튿날 관세음보살님의 안내를 받아 야쿠르트 대리점을 찾아갔다. 그리고 그로부터 15년의 세월이 시위를 떠난 화살처럼 내 곁을 스쳐 지나갔다. 나는 눈 내리던 계절에 야쿠르트 거리 판매를 처음 시작하여, 우의(雨衣)를 입고도 팔고, 아침부터 저녁까지 잠시도 쉬지 않고 거리를 헤매고 다녔다. 아이들을 가르치기 위해 하는 일이기 때문에 부끄럽지 않았다. 관세음보살님이 인도해준 장사라고 여겼기에 떳떳했고, 천직으로 받아들일 수도 있었다. 남몰래 눈물 흘려야 했던 아픈 기억이 없는 것은 아니지만, 이것으로 아들은 대학원까지, 딸은 대학을 무사히 마치도록 가르칠 수 있었다.

나는 여느 때와 다름없이 집을 나와 버스를 탔고, 종점에서 내려 백운대를 향해 뻗어 있는 길을 따라 올라가기 시작했다. 그리고 마침내 마애관음상 앞에 선 나의 핸드백 속에는, 그렇게도 갖고 싶었던 아파트의 등기부등본이 들어 있었다. 아이들이 무사히 공부를 마치고 둘 다 직장을 구하자, 나는 이제 관세음보살님께 전세가 아니라 아파트 한 채만 갖게 해달라는 기도를 드렸었다. 야쿠르트 아줌마로 내가 번 돈과 아들과 딸이 월급을 보탠 돈으로 같이 마련한 우리의 보금자리였다. 나는 등기부등본을 꺼내 들고 관세음보살님께 말씀드렸다.

"관세음보살님, 당신이 주신 아파트예요."

감사의 마음이 뜨거운 눈물이 되어 내 볼을 타고 흘러내린다. 남편의 외도를 알았던 직후에는 원망뿐이었다. 그런데 지금은 모든 것이 감사의 대상이었다. 잘 자라준 아들과 딸에게 감사하고, 역경을 이길 수 있는 지혜를 주시고 아파트를 살 수 있도록 해주신 관세음보살님께 감사드린다.

나의 모든 감사 중에서 또 하나 빼놓을 수 없는 것은 바쁜 시간을 쪼개어 불교 공부를 한 일이었다. 그런 중에 수계(受戒)도 받았다. 이때 심주(心珠)라는 불명(佛名)을 얻었다.

무엇이 심주인가.

영롱하게 빛나는 내 마음속 심주는 바로 불심(佛心)이다. 문득 《금강경》 한 구절을 듣게 된 육조께서 그것이 인연이 되어 깨달으신 후에 찬탄하셨다는 말씀을 떠올려본다.

"나는 그동안 중생으로서 번뇌에 물들고 더럽혀진 것으로 알았는데, 알고 보니 바로 내가 청정한 부처였구나."

나무꾼이었던 육조가 자신이 더없이 존귀한 부처라는 것을 알게 되었는데, 왜 야쿠르트 아줌마인 나는 부처가 아니란 말인가.

나는 오랫동안 지지리도 못나서 남편의 사랑을 받지 못하는 박복한 여자라고 자신을 비하(卑下)하며 살았었다. 그런데 《금강경》 한 구절 한 구절의 의미를 알아가다 보니 실은 그것이 아니었다. 나는 스스로 모든 것을 갖춘 부처였는데, 지혜의 눈을 뜨지 못한 중생의 눈에 부처로 보이지 않았던 것뿐이다. 인시불(人是佛)이다. 그런 사실을 모르고 있던 사람도 한 생각을 돌리면 부처다. 이 얼마나 인간의 존엄을 위대하게 만드는 선언인가. 내가 부처임을 알게 되자 자살하려고 했던 것은 부처가 부처를 죽이는 살불(殺佛)의 과보를 저지르는 것이었음을 알게 되었다. 부처로 다시 태어난 심주는 지혜를 구족한 부처로서, 불불상면(佛佛相面), 부처와 부처가 만나는 인연을 소중하게 가꾸며 살아갈 것이다. 나는 다이아몬드는 비교도 할 수 없는 심주를 가슴에 안은 부자였다.

이제부터는 모든 것을 스스로 구족하였기에, 더는 무엇을 해달라며 구걸하는 기도는 하지 않고, 내가 가진 것을 나누며 살 작정을 한다. 보시행을 하겠다는 말로 미화시킬 생각은 없다. 돌이켜보니 살아오면서 그동안 너무 많은 것을 세상으로부터 받았다. 빚지고는 못 사는 것이 나다. 이승 빚은 갚고 가겠다는 것뿐이다.

나는 아름답게 인생을 회향(廻向)하는 청사진을 머릿속에 그리며, 두 손을 모아 합장한 다음, 나직이 중얼거렸다.

나무아미타불 관세음보살!

| 불교방송 사장상 |

'개경게(開經偈)'를 읊는 마음으로

― 태현 김장대

무상심심미묘법無上甚深微妙法
– 위없이 심히 깊은 미묘한 법을

삼사순례를 가는 사찰 버스 안에서 창밖을 바라보니 벌써 벚꽃이 흩날리는 봄이 되었다. 앙상한 가지로 매서운 겨울을 이겨낸 나무 끝자락에도 초록빛 새 생명이 싹트며 따스한 봄의 향기 속에 활기를 찾고 있다.

    비단 사람뿐만 아니라 자연의 모습 하나하나에도 위없이 높고 깊은 부처님의 법이 담겨 있으리라 짐작해보며 마음 한편에 묻어두었던 2013년 4월의 봄을 떠올려본다.

백천만겁난조우百千萬劫難遭遇
– 백천만 겁 지난들 어찌 만나리

당시 나는 다른 직장인들처럼 평일에는 출근을 하고 주말에는 가족들과 시간을 보내는 평범한 일상을 보내고 있었다. 소소한 일상 속에서 나만의 소확행(小確幸)이 있다면 일주일에 4~5번은 새벽에 사찰을 방문하여 《천수경》을 독송하고 108배를 하는 것이었다.

　불교를 믿고 의지하시던 부모님 덕분에 유년기부터 불교를 접할 기회가 많았다. 어린 시절 부처님오신날이나 백중처럼 큰 행사가 있을 때면 집 옆에 있는 사찰에 놀러 가 연등도 만들고 행사 준비를 도와드리며 시간을 보내곤 했다. 이후 사회인이 되면서 수계를 받고 불교를 마음의 의지처로 삼게 된 나는 주말이면 불교대학을 통해 도반들과 함께 봉사를 하거나 철야기도 등을 하면서 신심을 키워나갔다. 덕분에 중요한 선택을 앞두거나 힘든 일이 생길 때면 사찰을 찾아 생각을 정리하며 답을 구했고, 스님들께서 주시는 차 한 모금으로 방전된 에너지를 충전하곤 했다.

　인생난득(人生難得)이요, 불법난봉(佛法難逢)이라. 사람의 몸을 받아 태어나는 것도 어렵지만, 부처님의 법을 만나는 것은 더 어렵다는 의미이다. 한량없이 긴 세월이 지나도 만나기 어려운 불법을 감사하게도 이른 나이에 만난 덕에 향냄새가 옷에 스며들듯 불교는 서서히 나의 일상이 되었다. 매일 아침 눈을 뜨면 출근 전에 잠시나마 회사에 있는 법당에 들르고 싶어 하루를 서둘러 시작했고, 도량에 들어설 때면 오늘도 부처님 곁에서 하루를 시작할 수 있으니 '부처님, 감사합니다.'를 인사처럼 하곤 했다.

그러던 어느 날이었다. 결혼 초부터 점심 식사 후에는 항상 아내와 짧게나마 통화를 했는데, 내 인생에서 가장 큰 시련이 일어났던 그날도 평소처럼 외근 길에 간단히 식사를 마친 후 아내에게 전화를 걸었다.

"이번 주에 벚꽃이 절정인가 봐. 우리 내일은 벚꽃 구경도 할 겸 계룡산 동학사에 방문해보는 건 어떨까?"

50년간 봄이 되면 매년 봐온 봄꽃들인데도 유독 그날따라 거리에 있는 꽃들이 낯설고 아름다워 보였다. 그래서 오랜만에 아내와 마곡사의 말사인 동학사로 벚꽃 구경을 가자는 약속을 했었다.

하지만 설렘을 가득 안고 했던 10년 전 그날의 약속은 끝내 지키지 못했다. 뉴스에서나 봤던 불의의 사고가 나에게 발생했기 때문이다. 교통사고는 뉴스에 매일 보도될 만큼 빈번하게 발생하는 일인데 왜 단 한 번도 나에게 일어날 수도 있다는 생각은 해보지 못했을까.

군부대에 근무했던 나는 지방의 작은 도로나 국도를 다녀야 하는 일이 많았다. 사고가 발생했던 그날도 평소처럼 외근을 마치고

운전을 하며 사무실에 복귀하던 중이었다.

'어, 어, 어! 저 차 왜 저래?'

갑자기 중앙선을 침범하며 역주행을 하는 차가 보였던 것이다. 순간 너무 놀란 나머지 내가 잘못 본 건 아닐까 몇 번이고 눈을 깜빡였다. 하지만 몇 번을 다시 봐도 내 눈앞에는 다가오면 안 되는 차가 가까워지고 있었다.

당시 내가 주행 중이던 도로는 중앙 분리대가 설치된 왕복 2차선 도로였다. 한쪽은 중앙 분리대가, 다른 한쪽은 나무가 막고 있어 좌우 어느 곳을 둘러봐도 상대 차량을 피할 수 있는 곳이 보이지 않았다. 설상가상으로 상대 차량은 아주 빠른 속도로 돌진하며 다가오는 것이 아닌가.

부처님,
제가 혹시 이렇게 생을 마감하게 된다면
제 아내와 딸이 고통으로 주저앉지 않고
부처님의 품 안에서 이겨낼 수 있도록 꼭 지켜주소서….

학창시절 '비록 내일 지구의 종말이 온다고 하더라도, 나는 오늘 한 그루의 사과나무를 심겠다.'는 명언을 보며 내 인생의 마지막 순간을 상상해본 적이 있다. 그때는 호기롭게 마지막 순간이 오면 정말 많은 것들을 해보리라 생각했었던 것 같다. 하지만 막상 현실에서 이생의 마지막 순간일지도 모르는 상황이 닥치니 가장 간절히 하게 되는 일은 나 자신의 안위가 아닌 내가 떠난 후 홀로 남을 가족들을 위한 기도였다.

이후 외마디 비명조차 제대로 질러보지 못한 채 '쾅!' 하는 굉음과 함께 상대 차와 부딪혔다. 상대방을 발견하고 사고가 발생하기까지 1분도 채 걸리지 않았던 것 같다. 하지만 사고 이후 의식을 되찾기까지는 몇 주가 걸렸다. 주변 사람들은 전신이 피투성이가 되어 주사기 꽂을 혈관조차 찾을 수 없었던 내 외관과 의식을 찾지 못하는 상태를 보며 최악의 상황을 염두에 뒀었다고 한다.

'관세음보살, 관세음보살, 관세음보살…'
그러나 아내만큼은 희망의 끈을 놓지 않았던 것 같다. 하루 2번 주어지는 대학병원 중환자실 면회시간이 되면 아내는 평소 내가 즐겨 듣던 관세음보살 정근 독송이 나오는 이어폰을 의식이 없는 내 귀 가까이에 가져다 두었다고 한다. 그렇게 7일의 시간이 흘렀을까. 아내의 정성에 하늘이 감동한 것인지 나는 어렵사리 의식을 되찾게 되었다. 너무도 큰 사고였기에 내가 처음 눈을 뜬 순간 모든 사람들은 기적이 일어났다고 표현했었다.

하지만 깨어난 기쁨은 그리 오래가지 않았다. '지옥이 있다면 이런 곳일까?', '차라리 죽는 게 나았던 건 아닐까?'라는 어리석은 생각이 들 만큼 모진 고통의 시간이 시작되었기 때문이다. 팔, 다리,

갈비뼈 등 모든 관절이 부서진 상태였음에도 심장 상태가 좋지 않아 바로 수술을 할 수 없었다. 더욱이 사고로 고관절을 크게 다친 탓에 하체를 움직일 수 있을지 또한 수술 후 경과를 지켜봐야 한다는 점이 나를 절망스럽게 만들었다.

나를 힘들게 한 것은 육체적 고통만이 아니었다. 내가 입원했던 중환자실은 일반 중환자실이 아닌 가장 중증의 환자들이 입원하는 곳이었다. 그러다 보니 곁에서 함께 누워 있던 환자분들이 삶을 마감하는 모습을 수차례 지켜봐야 했다. 생과 사의 경계에서 남겨진 가족들이 사랑하는 사람을 잃은 고통에 절규하는 모습을 볼 때면 이 세상을 살아간다는 것이 어떤 의미일까 하는 생각으로 혼란스러웠다.

아금문견득수지 我今聞見得受持
- 제가 이제 보고 듣고 받아 지니니

'왜 하필 이런 날벼락 같은 일이 나에게 생겼을까?', '나는 앞으로 어떻게 살아가야 할까?', '그 사람은 왜 그랬을까?'

중환자실에서 수술 일정을 기다리는 동안 내가 할 수 있는 일은 많지 않았다. 원망과 미움, 적대감으로 많은 생각들을 할 뿐이었다. 특히 자의가 아닌 다른 사람의 잘못으로 일어난 수많은 변화들을 받아들이지 못해 고통 속에서 몸부림치며 시간을 보냈다.

그러던 중 문득 중환자실 창문 밖에 앉아 있는 아내의 모습이 보였다. 아내는 혹여 나에게 나쁜 일이 생길까 노심초사하며 사고가 발생한 날부터 단 하루도 집에 가지 않고 내 침대가 보이는 중환자실 창문 앞을 지키고 있었다. 다른 환자의 보호자들이 모두 집으로 돌아가는 새벽에도 홀로 차디찬 복도 벽에 기대어 눈을 붙이던 아내의 모습을 그제야 바라보게 된 것이다.

노년에는 함께 손잡고 사찰 순례를 다니자고 했던 약속, 가을이 되면 봉정암에 다녀오자고 했던 약속, 주변 복지시설에 나눔을 실천하며 살아가자는 약속…. 돌이켜보니 아내와 아직 못다 한 약속들이 많았다.

아내의 모습을 보며 다시금 살아가고 싶다는 의지를 가지게 된 나는 그때부터 이 고통과 시련을 이겨내게 해달라고 간절히 기도하기 시작했다.

부처님,
한낱 중생에 불과한 저에게는
지금 이 상황이 감당이 되지 않을 만큼 두렵고 또 두렵습니다.
그동안 제가 듣고 읽고 마음에 새기려 했던
부처님의 수많은 가르침을 이제는
머리가 아닌 마음으로 수지(受持)하여

이 시련을 극복할 수 있는 용기를 주소서….

　진흙 속에서도 여여함을 잃지 않는 연꽃을 좋아했던 나는 사방에 어려움이 가득한 내 마음에도 연꽃 한 송이를 피우기 위해 수행이라는 작은 씨앗을 심기 시작했다. 물론 이러한 의지에도 불구하고 마음이 진흙탕처럼 어수선해지기 일쑤였고 이성과 감정이 쉽사리 조화를 이루지 못해 괴리감을 느끼곤 했다. 하지만 마음이 요동칠 때면 이 또한 나의 업연(業緣)이며, 내가 겪어내야 하는 숙제일 것이라 되뇌며 마음의 안정을 찾기 위해 노력했다.
　세상사 모든 일은 마음에 달려 있다는 일체유심조(一切唯心造)라는 가르침처럼 마음이 안정을 찾아가니 건강도 빠른 속도로 회복되기 시작했다. 불안정했던 여러 수치들이 정상 궤도로 돌아오면서 오랜 기다림 끝에 수술대에 오를 수 있었다. 뿐만 아니라 7시간이 넘도록 계속되는 수술을 수차례 이겨냈고 그 결과 또한 의료진들의 기대보다 훨씬 좋았다.

　수술이 끝나고 중환자실이 아닌 일반 병실로 옮기면 모든 것이 괜찮아질 줄로만 알았다. 하지만 고관절과 손목 그리고 10개가 넘는 갈비뼈가 부서진 탓에 수술 후 100일이 넘는 기간 동안 고개 한 번 제대로 돌리지 못하고 침대에서 회복의 시간을 보내야만 했다. 누워 있는 동안 불교방송을 시청하며 평소에 가보지 못했던 사찰 구경도 하고, 여러 스님들께서 들려주시는 법문도 자주 듣곤 했다. 그리고 손목을 움직일 수 있을 무렵부터는 경전 한 구절 또는 부처님 명호 한 번이라도 사경해보려고 애쓰며 마음을 정리하려 했다.

하지만 굳은 의지로 안정을 찾아가다가도 한 번씩 주체할 수 없는 감정이 회오리치듯 밀려 들어올 때가 있었다. 그럴 때면 아내의 도움으로 휠체어를 타고 병원 지하에 위치한 법당을 방문해 남몰래 눈물을 흘리며 마음을 다잡곤 했었다.

그렇게 대학병원에서 200일이라는 시간이 흘렀다. 고된 치료와 재활을 거듭한 끝에 마침내 퇴원을 하게 되었다. 봄에 입원했던 나는 여름과 가을을 병원에서 보낸 뒤 찬바람이 불기 시작하는 초겨울이 되어서야 병원 문밖으로 나오게 된 것이다.

주변에서는 퇴원하는 내 모습을 보고 남은 생은 장애를 가지고 살아가야 한다는 사실에 좌절을 할까 봐 걱정하는 분들도 많았다. 하지만 병원에서 불교방송을 보며 내 마음을 수없이 돌아본 덕분이었을까. 병원을 나서는 내 발걸음은 오히려 더 가벼워졌다. 병원 생활을 무사히 마쳤다는 안도감과 부처님께 선물 받은 두 번째 인생만큼은 감사함 속에서 정말 값지게 살고 싶다는 의지가 가득했기 때문이다.

원해여래진실의 願解如來眞實意
– 부처님의 진실한 뜻 알아지이다

올해는 공달(空月)이라고 불리는 윤달이 있는 해이다. 윤달이 되면 각 사찰에서는 알게 모르게 지은 전생의 업을 참회하고 현세의 평안과 내세의 극락왕생을 염원하는 생전예수재를 봉행한다.

조계사에서 생전예수재 입재하던 날 묘허 스님께서는 "좋은 일, 슬픈 일, 나쁜 일 모두 누군가가 주거나 내가 받는 것이 아닌 내가 지은 내 인생입니다."라는 법문을 하셨다.

법문을 들으며 한 편의 드라마처럼 흘러간 나의 지난 10년을 반추해보았다. 믿기지 않을 만큼 모질고 힘든 시간들조차 전생과 현생 동안 알게 모르게 했던 나의 행동들이 원인이 되었으리라. 이제는 마음에 남은 작은 원망의 불씨조차 지워보자고 다짐한다.

개경게
무상심심미묘법(위없이 심히 깊은 미묘한 법을)
백천만겁난조우(백천만 겁 지난들 어찌 만나리)
아금문견득수지(제가 이제 보고 듣고 받아 지니니)
원해여래진실의(부처님의 진실한 뜻 알아지이다)

《천수경》에는 부처님의 법과 가르침을 찬탄하고 부처님의 가르침을 진실하게 깨닫기를 서원하며 읊는 '개경게(開經偈)'라는 게송이 있다. 매일 《천수경》을 독송하지만 '개경게'를 독송할 때면 부처님과 불법을 향한 마음을 경건하게 유지하고자 초심을 찾게 된다.

어쩌면 내 인생의 가장 큰 어려움이라고 느꼈던 지난 10년의 시간들 또한 내가 부처님의 참다운 진리로 나아가기 위한 준비 단계는 아니었을까. 마치 '개경게'를 읊을 때처럼 내가 직면한 어려움 속에서 신행생활이 갖는 의미를 고민하고, 수없이 내 마음을 돌아보며 부처님의 가르침을 머리가 아닌 마음으로 수지(受持)하기 위해 고군분투하는 시간이 되었기 때문이다.

사고 이후 불편해진 다리 때문에 예전처럼 3,000배를 하거나 오랜 시간 참선을 하며 앉아 있기에는 어려움이 있다. 하지만 매일 아침 경을 독송하고, 사찰의 크고 작은 행사나 불사에 동참하면서 신행생활을 지속하고 있다. 또한 코로나19가 발생한 이후 집에서 보내는 시간이 길어지면서 《금강경》, 《반야심경》 등 부처님의 경전을 붓글씨로 필사하며 글씨 한 올 한 올에 부처님의 가르침을 담아보는 새로운 신행생활에도 몰두하고 있다.

생사의 고비를 넘기고 부처님의 가피 속에 제2의 인생을 맞이한 지 어느덧 10년이 되면서 나의 신행생활도 전환점을 맞고 있다.

요즘은 부처님의 가르침을 공부하는 것에서 한 걸음 더 나아가 '어떻게' 실천하며 살아갈까에 대한 근원적인 고민들을 자주 하게 된다. 각 경전마다 '개경게' 뒤에는 깊은 진리의 말씀이 이어지듯, 나의 신행생활에도 부처님의 가르침이 더욱 깊어지리라. 수승한 법연의 울림과 여운 속에 자비심을 발하는 정진의 시간이 이어지기를 두 손 모아 서원(誓願)해본다.

2부 수행합니다

나는 과연 누구일까요?
나 자신은 '다른 어떤 존재'입니다.
그럼에도 우리는 "이건 나의 몸이며, 이건 나의 마음이며,
내가 갖고 있는 물건들도 내 것"이라고 말하곤 합니다.
하지만 나에게 질문을 던져보세요. "나는 누구인가요?"
관계들을 벗어던지면 남는 것은
지수화풍으로 구성된 몸과 마음뿐입니다.
'나'를 찾는 수행 여행, 이 생에 꼭 한번 동행해볼 일입니다.

| 동국대 총장상 |

부처님 품에
다시 안기다

-

수정 김정만

부처님! 부처님께 물어보고 따질 것이 참으로 많습니다. 그래서 제가 부처님 곁을 떠나지 못하고 이렇게 부처님의 가르침에 목이 말라, 외로울 때는 염불하고 괴로울 때는 기도를 합니다.

부처님께서는 대자대비(大慈大悲)한 마음으로 아들의 죽음에 미쳐버린 끼사고따미를 깨닫게 하였으며, 99명을 죽인 무자비한 살인마인 앙굴리마라도 깨달음으로 인도하였습니다. 그런데 왜 저에게는 깨달음은커녕 간절한 기도 하나 들어주지 않으셨습니까? 부처님이 보시기에 저의 믿음과 수행과 기도의 크기가 너무 작았습니까?

부처님은 대자대비하신 분이며, 관세음보살님은 천 개의 손과 천 개의 눈으로 고통에서 괴로워하는 중생들을 구제하신다고 귀가 닳도록 들었습니다. 그런데 도대체 대자대비는 무엇이며, 중생구제의 뜻은 무엇입니까?

대자대비하신 부처님, 관세음보살님, 대답 좀 해주세요.

우리 집안은 대대로 부처님을 믿고 따르는 불교 집안이다.

할아버지는 아침 일찍 일어나서 매일 새벽 독경을 하신 후에야 농사일을 나가셨고, 아버지는 고향에 있는 조그마한 암자의 신도회 회장을 하셨으며, 작은아버지도 고향에서 고등학교 교장으로 계시면서 제법 이름 있는 사찰의 신도회 회장을 맡기도 했다. 그래서 나도 자연스럽게 불교 종립 고등학교에 진학하였으며, 고등학교에서 법사 선생님께 《반야심경》을 배우면서 불교학생회에 가입하여 열심히 활동하였다.

그 후 대학에 진학하고부터는 불교를 좀 더 깊이 있게 알고 싶어서 불교 공부를 본격적으로 열심히 하였다. 그래서 나름대로 불교에 대하여 제법 안다고 시건방지게 떠들고 다녔다. 지금 생각해보면 그때의 신행생활이 부끄럽기도 하지만, 한편으로 생각하니 철모르는 아이처럼 너무나 행복했던 시절이었던 것 같다.

그러던 중 1970년에 아버지께서 55세의 나이에 간암으로 1년 동안 투병생활을 하시다가 피를 토하면서 고통스러운 얼굴로 돌아가셨다. 돌아가시는 아버지의 얼굴을 보고 몸서리를 치며 서럽게 울고 또 울면서, 목이 터져라 대자대비하신 부처님과 관세음보살님을 찾았다. 그러나 대자대비하신 부처님이나 관세음보살님은 보이시지 않고 나타나지도 않았다. 나는 부처님과 관세음보살님의 뜻이라 생각하고 원망하지 않았다. 아버지의 극락왕생을 빌면서 부처님같이 살기를 서원하고 나름대로 열심히 수행 기도하였다.

 1973년에는 고향에 있는 작은 암자인 밀봉암을 통하여 '청정(淸淨)'이란 법명과 수계를 다시 받았다. 당시 여러 가지로 마음이 복잡하고 힘겨운 시간을 보내고 있었는데, "다시 법명을 받고 수계를 받으면 좋은 일이 생긴다."라고 해서 밑져봐야 본전이란 생각으로 법명과 수계를 다시 받았던 것이다. 법명과 수계를 받고 난 후 나는 범어사, 통도사, 석남사, 청도 사리암 등에서 철야 기도를 하고 삼천배를 하는 등 부처님을 의심하지 않고 굳건히 믿고 따르면서 열심히 기도 정진하였다.

 "나의 신심은 1년마다 천년을 절에 다닌 불자의 믿음만큼 깊어지고 쌓여간다."라고 자부할 정도였다. 그렇게 나는 열렬한 불자로 성장해나가고 있었다.

 그런데 예기치 않은, 상상도 못 했던, 나에게는 감당하기 힘든 일이 1984년도에 일어났다. 나보다 한 살 위인 형님께서 35세의 젊은 나이에 어린 조카 5명을 두고 저세상으로 가버린 것이다. 나는 형님이 입원해 있는 부산 복음병원에서 형님의 손을 잡고 부처님과 관세음보살님께 기도하면서 빌고 빌었다.

"부처님, 관세음보살님, 제 형님을 살려주십시오. 그리고 제발 저의 어머니 앞에 형님이 돌아가시지 않게 기적의 가피를 내려주십시오."

왜냐하면 할머니께서 돌아가시는 그 순간에도 "애비야, 애비야." 하시며 먼저 가신 자식을 찾을 만큼 아버지의 죽음으로 너무나 괴로운 삶을 사셨기에, 어머니에게는 할머니와 같은 고통을 안겨주고 싶지 않았기 때문이다. 그런데 부처님과 관세음보살님은 그 많은 사람에게 베푸신 기적의 가피를 나에게만은 베풀지 않고 외면하였다.

사람은 누구나 죽는다. 그러나 아버지가 왜 그토록 젊은 나이에 고통스러운 죽음을 받아야 했는지, 또한 형님은 왜 젊은 나이에 어머니 앞에 이 세상을 떠나야 했는지, 너무나 억울하고 원통했다. 대자대비하신 부처님이나 관세음보살님은 아버지와 형님 중 한 분이라도 다른 사람처럼 천수를 누리시다가 평온하게 가족과 이별할 수 있게 해주실 수도 있지 않았을까? 그러나 이 목숨 다 바쳐 믿고 의지했던 부처님과 관세음보살님은 나와 가족에게 감당하기조차 힘든 고통을 주시고는 외면하셨다.

'삐이~' 하는 소리와 함께 심장이 멈추면서 핏기가 사라진 창백한 형님의 얼굴을 쓰다듬고 목 놓아 울면서 나는 부처님과 관세음보살님께 배신감을 느끼며 원망했다.

절에도 열심히 다녔고, 지극정성을 다해 기도도 했고, 불교 공부도 열심히 했으며, 책임과 사명감을 갖고 기쁜 마음으로 봉사활동도 했고, 나에게 상처를 주는 사람조차 용서하는 마음을 실천하려고 노력해왔는데, 아버지와 형님을 빼앗기면서 대자대비하신 부처님과 관세음보살님에게 이런 노력을 완전히 무시당한 기분이었다.

부처님, 관세음보살님, 왜 저와 제 가족들의 소원과 기도와 아픔을 외면하였습니까?

"든 자리는 몰라도 나간 자리는 참으로 크게 느껴진다."는 옛말이 있듯이 아버지와 형님이 떠난 집안은 허전한 적막강산이었다.

부처님과 관세음보살님에게 무시당하고 외면당하고, 배신당했다는 생각에 부처님이 밉다 못해 싫어졌다. 경전은 다 거짓말이고, 부처님과 관세음보살님은 양치기 소년이란 생각밖에 안 들었다. 부처님을 믿고 따랐던 나 자신이 한없이 미웠다. 그리고 부처님에 대한 믿음이 한순간에 모두 와르르 무너졌다.

니체가 그리스도교를 향해 "신은 죽었다."고 외쳤듯, 나는 대자대비한 부처님도 중생을 구제하는 관세음보살님도 존재하지 않는다고 확신하였다. 그리고 내 책장에 꽂혀 있던 경전과 불교 서적과 염주 등을 상자에 넣어 창고에 버렸다.

이후 직장과 가정을 오가면서 평범한 생활을 하며, 불교와는 완전히 멀어지고 말았다. 그러나 마음은 늘 허전하고 만족스럽지 못했기에 멀어졌던 종교 생활을 다시 시작해보려고 성당이나 교회 등 이곳저곳을 다니면서 마음을 다스리려고 노력해보았지만 결코 쉽지가 않았다. 교회에서도 성당에서도 나는 안 되겠구나 하는 생각에, 돈만 있으면 즐겁고 재미있는 세상인데 이 세상에서 신나게 살아보자고, 나 자신과 타협을 하였다.

나름대로 열심히 일하고 주말에는 가족들과 여행도 다니고 문화생활을 즐기면서 살았다. 오직 아이들과 우리 가족만 건강하면 된다고 생각하며, 그렇게 20여 년을 아무 일 없이 평범하게 살았다.

그러던 2004년, 가을 단풍이 곱게 물들어가던 어느 날 오후, 나에게 슬픈 소식이 날아왔다. 50여 년을 친구로 동무로 함께 지내온 친구가 암으로 투병생활을 하다가 결국에는 유명을 달리한 것이다.

일주일 전 병문안을 갔을 때도 친구는 열심히 염주를 돌리면서 염불을 하고 기도하고 있었다. 나는 친구가 염불하고 기도하는 것을 달갑지 않게 생각하면서도 "친구는 늦게 불자가 되었지만 이렇게 열심히 기도하고 착하게 살았으니, 부처님도 아마 친구의 기도는 외면하지 못하고 기적의 가피를 내려주실 것이야."라고 위로의 말을 하였다.

내 말을 들은 친구는 빙그레 웃으면서 "친구야, 이렇게 열심히 염불하고 기도하고 있으면 마음이 편안해지고 괴로움이 사라지는 것 같아. 부처님께서 내가 편안한 마음으로 삶을 마감할 수 있게 해주시는 것만으로도 나는 부처님의 크나큰 기적의 가피라고 생각하고 있다네. 모든 것은 인연 따라 왔다가 인연 따라 가는 것을, 부처님인들 어쩌겠나."라고, 내 마음을 다 알고 있다는 듯 가슴을 찌르는 예상 밖의 말을 하는 것이었다.

친구의 말을 듣는 순간 망치로 머리를 한 대 맞은 듯이 멍한 충격이 밀려오면서 부처님에 대한 회환과 참회와 친구에 대한 부끄러움의 눈물이 주르륵 흘러내렸다.

친구는 자기의 죽음도 겸허히 받아들이는데, 나는 아버지와 형님을 살려달라는 나의 소원의 기도를 들어주시지 않았다는 핑계로 그동안 철석같이 믿었다고 생각했던 부처님에 대한 믿음을 버리지 않았는가. 부처님을 믿음으로써 받았던 마음의 평온함이라는 가피는 잊어버린 채 부처님에 대한 믿음을 버리면서 미워하고, 원망하고, 비방하지 않았는가.

부처님에 대한 한없는 회환과 참회와 친구에 대한 부끄러움의 눈물이 계속 흘러내려 더 이상 친구를 바라보고 있을 수가 없었다.

나는 황급히 집으로 돌아와 창고에 버렸던 경전과 염주를 찾았다. "아…." 하는 탄식과 함께 회한의 눈물을 흘리며, 참회의 절을 시작했다.

"부처님 미워한 것을 참회합니다. 부처님 원망한 것을 참회합니다. 부처님 비방했던 것을 참회합니다. 억울하고 원통한 마음 가진 것을 참회합니다. … 참회하고 또 참회합니다. 대자대비하신 부처님, 저를 용서해주십시오. 제가 지은 죄는 죽을 때까지 참회하며 살겠습니다. 석가모니불, 석가모니불, 석가모니불…."

참회의 눈물을 흘리면서 끝없이 절을 하고 절을 하면서 부처님에게 참회하다가 늦은 밤에 잠이 들었다.

그날 밤 꿈속에서 연꽃 대좌에 앉아 계시는 황금빛 부처님을 보았다. "부처님, 부처님, 부처님…"을 부르다가 꿈에서 깨어나 눈을 떠보니 부처님은 보이지 않으시고, 참회하고 참회한 내 가슴속에는 부처님이 와 계시는 것이었다. 참회의 기도를 통해서 거룩하신 부처님께 다시 귀의해야 한다는 것을 깨달았다.

내 가슴속에 와 계시는 부처님의 품에 안기면서 20년 만에 다시 불자로 돌아왔다.

지금에 와서 다시 곰곰이 생각해보니 부처님과 관세음보살님께 올린 기도 덕분에 아버지와 형님의 투병생활을 그나마 버틸 수 있었던 것 같다. 이렇게 부처님과 관세음보살님을 되짚어보면 나의 기도를 무조건 안 들어주신 것도 아닌 것 같다. 나의 믿음과 수행의 근기가 부족해서 부처님이 나에게 내리신 가피의 기적을 체감하지 못한 것뿐이다.

경전이나 오래전부터 전해 내려오는 이야기에 부처님이나 관세음보살님께서 신통으로 행한 수많은 '가피의 기적'에 대한 내용이 있지만, 인생에서 기적의 가피를 만나는 것은 거의 불가능에 가까워 보인다. 그럼에도 불구하고, 절박한 순간에는 부처님에게 매달리고, 수많은 불보살님께 매달려 기적이 일어나기를 바란다. 기적이 일어날 확률은 사실상 '기적' 같은 일이지만 그래도 비빌 언덕이 있다는 것이 어디인가? 불자들의 특권이란 부처님과 관세음보살님을 비롯한 수많은 불보살님이라는 든든한 배경이 있다는 것 아닐까?

그 배경 덕분에 아버지도 형님도 아마 극락정토에 가셨을 거다. 그래서 설령 부처님이나 관세음보살님이 나의 기도에 대한 가피를 내려주시지 않더라도 부처님과 관세음보살님이 질릴 정도로 끈질기게 흔들리지 않는 믿음으로 소리 높여 기도하고 수행할 것이다.

"네, 부처님이나 불보살님이 이기나 제가 이기나 한번 해보겠습니다. 성불할 때까지는 끝난 게 아니니까요. 그러다 보면 부처님께서도 '무슨 저런 불자가 다 있나. 내가 졌다. 졌어.' 하시면서 내 뜻대로 해주실 것이라 믿어 의심치 않습니다."

그리고 어느 날 생각지도 않은 순간에 부처님께서 나에게 이런 말을 건네시는 그날이 올 것이다.

"그대 불자여, 그대의 믿음과 기도와 수행은 참으로 크구나. 네가 바라는 대로 다음 생에는 '청정광불'이란 이름으로 성불하여 중생을 다스려라."

지금은 다시 불자로 돌아와 열심히 절에 다니면서 수행하고 기도하고, 봉사활동도 하고 있다. 다시 부처님의 가르침에 안겨서 새롭게 시작하는 수행과 기도는 이전에 했던 수행과 기도와는 달랐다. 물론 부처님과 관세음보살님에게 듣고 싶은 말씀이 있으니 묻고 따지는 것은 여전하다. 다만 복을 비는 기도에서 굳건한 믿음과 수행과 봉사로, 내가 만들어가는 행복을 찾는 여정으로 방향을 바꿨다. 물론 아직까지는 욕심내고 화내는 어리석음이 많지만 그래도 웃는 얼굴이 하루하루 많아져가고 있다.

나는 스스로 신심이 약하다는 것을 알기에, 신심의 고취에는 불교 유적지나 뜻깊은 산사를 순례하는 것이 최고란 말을 듣고 국내 산사를 비롯해서 세계 불교 유적지를 열심히 순례하였다. 목에 칼이 들어와도 흔들리지 않는 믿음을 철석(鐵石)같이 세우기 위해 수행 정진하고 있다. 특히 티베트 수도 라싸에 있는 조캉사원에서 신심을 고취하는 데 많은 도움을 받았다. 조캉사원 앞에서 오체투지를 하는 사람들과 조캉사원 주위를 돌며 순례하는 사람들을 보고 있노라면 티베트 사람들의 신심에 온몸에 전율이 일어났다. 그리고 존경심과 환희심을 느끼면서 이것이 신심이구나 하는 것을 뼈저리게 느낄 수 있었다.

나는 2020년도에 범어사 불교대학에서 전문교육 과정을 마치고, 71세의 나이에 대한불교조계종 제25기 포교사가 되었다. 현재는 범어사에 소속되어 있는 '금정총림포교사'에서 포교와 봉사활동을 열심히 하고 있다. 부처님과 관세음보살의 가피가 없었다면 내가 71세에 포교사가 된다는 것은 언감생심(焉敢生心)이었을 것이다.

나는 매주 일요일 아침 9시에 집을 나선다. 지하철을 타고 목적지까지 가려면 한 시간이나 걸린다. 일요일 아침 지하철 안에는 젊은 사람, 나이 많은 사람, 각양각색의 사람들이 화려한 등산복을 입고 조잘대는 행복한 모습으로 가득하다. 나의 목적지는 부산에서도 유명한 금정산에 있는 범어사이기 때문이다.

복잡한 지하철에서 많은 등산객들 틈에 끼어 서 있어도 전혀 불편하지 않다. 나도 이제 어엿한 포교사이고, 나를 반겨줄 사람이 있고, 나를 필요로 하는 사람들이 있기 때문이다. 오늘도 자랑스러운 포교사복을 입고 집을 나선다.

"부처님, 이만하면 나이 칠십에 불교를 믿고 수행한 보람이 있지 않나요? 부처님, 이제부터는 절대로 묻지도 따지지도 않겠습니다."

― 생명나눔실천본부 이사장상 ―

황금빛 가피로
기적을 보다

―

천일광 진영애

이 날 아침도 나는 불보살님의 명호 아래 작은 향 하나를 사르며 《천수경》을 독송하는 것으로 일과를 시작했다. 2014년 4월 3일이었다. 남편은 퇴근 후 골프 연습실서 운동을 마치고 여느 날과 같이 저녁 식사 후 취침에 들었다.

새벽 5시경 화장실을 다녀오더니 왼쪽 팔다리에 힘이 빠지는 것 같다며 소파에 누워 기운을 못 차렸다. "조금 진정하면 괜찮을 거야." 하면서 날이 밝으면 병원에 가보자고 했다.

걸을 수 있다기에 동네병원에 갔더니 CT부터 찍어보자 했다. 판독을 하더니 뇌출혈 증세가 보인다며 서둘러 119를 불러 서울대병원 응급실로 보냈다.

지참한 서류와 CD를 참고해 몇 가지 검사를 한 다음 곧바로 수술실로 들어갔다. 순식간에 긴장이 감돌았다. 하늘이 무너지는 듯

한 심정에 가슴이 먹먹해 말이 나오지 않아 손목에 차고 있던 단주를 돌리며 '다라니 108독'을 읊으며 간절히 눈물로 불보살님을 찾았다. 수술이 원만하게 잘되게 해달라고…. 늘 함께 있었기에 건강한 사람, 아프지 않는 사람으로 생각했는데 눈앞이 캄캄하고 수많은 생각들이 나를 힘들게 했다. 오직 살려야 한다는 생각밖엔 들지 않았다.

하룻밤을 회복실서 보내고 병실로 올라온 남편은 입과 얼굴이 모두 돌아가 말을 못 했다. 눈물이 고인 채 나를 바라보는 그 슬픈 눈빛은 내 가슴을 몹시도 아프게 했다. "여보! 부처님께서 당신을 꼭 일어나 걸을 수 있게 해주실 거야. 그러니 걱정하지 말고 마음속으로 관세음보살님을 천만 번 더 불러봐요."라고 두 손을 잡고 말하자 눈을 깜빡깜빡하면서 알겠다는 신호를 보냈다.

주치의 교수님께서는 정말 천운이라고 했다. 조금만 늦었어도 손을 못 쓸 뻔했는데 수술도 잘되었고 한쪽 운동 신경은 마비되었지만 재활치료를 잘 받으면 편마비 증세도 완화될 수 있다는 희망을 주셨다.

3주 동안 하루 2번씩 재활치료와 운동을 병행하는 노력 끝에 45일 만에 퇴원할 수 있었다. 그 후 남편은 나 혼자만 하던 《금강경》 사경을 같이 하겠다 해서, 지금도 《금강경》과 《천수경》을 규칙적으로 사경하면서 부처님 가피에 감사한 마음으로 직장을 다니고 있다.

그 무렵, 난 20여 년을 다니던 직장에서 퇴직했는데 함께 근무한 동료 직원에게 큰 금액을 빌려주고는 회수를 못 해 힘든 상황이었다. 우린 맞벌이를 하면서 조금씩 저축을 해 주식과 아파트 갭투자를 하면서 재테크를 했다. 그런데 어느 날부터 금리는 치솟고 부동산 가격은 폭락, 주식 또한 바닥을 쳐 경제적인 어려움이 한꺼번에 찾아왔다. 그러면서 남편도 정년퇴직을 했다.

큰딸과 막내가 용돈을 모았다며 우리 부부에게 은퇴 기념으로 여행을 다녀오라고 했다. 파리 주재로 나가 있는 막내 남동생 집을 경유해 유럽 일부분을 보름간 다녀왔다.

그즈음 시댁 쪽 형제자매들은 부모님 유산으로 일부 남은 선산과 토지에 대해 손을 벌리기 시작했다. 시어머니가 두 분이다 보니 다툼이 일어났다. 사전 증여로 찾아간 작은어머니 쪽 동생들이 심했다. 생활이 힘든 큰 시동생 역시 같은 마음이어서 조상 모시는 몫으로 남겨두었던 부분을 다 내려놓고 우리 몫까지 다 분배해주는 등 남편은 마음을 비운 듯하였다. 형제자매의 배는 다르지만 인연을 저버리지 말자며 욕심을 내려놓은 남편이 존경스러웠다.

그 후 우린 선산 멀리 계신 조상님 산소를 가까이 모시기 위해, 지관을 잘 보는 동국대 교수님을 모셔와 텃밭 시골집 옆에 좋은 자리를 찾아 6분의 신위를 모셨다. 수목장을 아담하게 만들어 평안하게 모시고 《금강경》과 《지장경》을 함께 독송한 뒤 집으로 온 다음 날, 오랫동안 피지 않던 동양란 6개가 꽃망울을 터뜨리며 활짝 피었다. 참으로 경이로움에 감탄하여 기념사진을 찍었다. 이런 현상을 어떻게 말해야 하는지. 그때 나는 분명 육체는 흙 속에 묻혀 있지만 영혼은 살아 계신다는 걸 소름 끼치게 느꼈다. 내 눈에 보이지 않을 뿐이지 다 듣고 보고 계신 것 같았다.

그러던 어느 날, 이번에는 내가 불현듯 암을 선고받았다. 2016년 6월 17일이다. 건강검진 중 유방암 의심 진단을 받고 서울대병원에서 조직검사 후 2주일을 기다려 결과를 받았다. 좀 더 정확한 판단은 수술을 해봐야 안단다.

처음엔 눈물도 나지 않더니 시간이 흐르자 내 두 뺨은 어느새 눈물로 범벅이 되고 있었다. 나에게 왜 이런 일이 생겨야 해? 내가 왜 암에 걸려야 해? 허공을 처다보며 슬픔을 억누른 채 불보살님께 따지듯 물었다. 난 열심히 착하게 살아왔는데 왜 저에게 이렇게 무서운 아픔을 주시나요…. 어린 시절 부모님이 절실한 불교 신자셨기에 자연스럽게 몸에 배어온 신앙인데…. 좀 더 체계적인 공부를 하고자 조계사를 찾아 포교사가 되면서 모범적인 언행으로 참된 불자가 되리라 노력하고 있는데…. 재적사찰인 청량사에선 매월 선조들을 위한 지장재일 천도법회에 한 번도 빠짐 없이 동참하고, 매월 첫째 주 일요일엔 '다라니 108독' 기도에 동참하며 참회기도를 열심히 하는데…. 이런 말을 되뇌면서 마음속으로 울부짖고 통곡했다.

　수술 날짜를 잡고 병실에 누워 대기하고 있는데 광현 스님과 덕현 스님께서 내원하시어 위로와 용기를 주시고 가셨다. 그러자 내 마음은 잔잔한 호수처럼 평온해졌다. 잠시 나의 지나온 세월의 흔적들을 뒤돌아본다. 7남매의 장녀로 자라 7남매의 장남을 서울행 완행열차에서 만나 2년을 교제하고, 첫인상이 선녀보다 아름다워 반했다는 남편의 진솔한 말에 넘어갔는지 79년 10월 결혼하여 두 딸을 두었다. 큰아이는 율원, 재원, 민유 3남매를 둔 현모양처로 잘 살고 있는데, 막내딸 은선이는 서른이 넘도록 학구열이 높아 대학 교수를 하고 있지만 결혼엔 관심이 없다. 종갓집 맏며느리로 수많은 대소사를 다 겪으며 우리 며느리가 최고란 칭찬을 들으며 살았다. 사회생활 하면서는 밥 잘 사주는 큰언니란 닉네임이 따랐는데…. 그래도 난 잘못이 많으니 부처님께서 큰 벌을 주신 거라 생각도 하면서 한편으론 반항심만 커졌다.

　나와 인연이 닿은 뭇사람들께는 마음의 문을 열어 귀 기울이고, 나의 이기심을 이타심으로 바꿔 부처님 닮은 자비심을 기를 수 있게 힘을 달라고 발원하며 기도하는 삶을 살아왔는데, 저에게 이런 암을 주시나요…. 가슴이 아파 어떻게 표현할 수 없었다. 이 또한 저의 업보라면 주신 대로 받겠습니다. 그런데 왜 이렇게 눈물이 나는지요…. 어제는 어쩔 수 없는 날이었다면 오늘은 만들어갈 수 있는 날이고, 내일은 꿈과 희망이 있는 날이라고 어느 시인이 말했는데, 난 내일이 너무나 무섭고 두려웠다.

수술실로 들어가기 전 못다 한 아쉬움 한 가지, 막내딸 짝을 못 지어준 게 나를 더 힘들게 했다. 난 막내 손을 꼭 잡았다. 유언을 말하듯이 "은선아, 엄마가, 엄마가 있잖아. 만약에 눈을 못 뜨고 우리 만나지 못해도 지금처럼 당당하게 언니랑 의지하면서 잘 살아야 돼…." 그 한마디를 하고 마취에 들어갔다.

꿈을 꾸었다. 2013년 9월 재적사찰에서 15일간 인도 성지순례를 갔을 때 영축산 정상에 계신 부처님을 뵙고 왔는데, 그 부처님께서 황금빛 찬란한 보를 감싸주시면서 "조금 쉬었다 일어나거라."라는 음성을 들려주셨다.

눈을 떴는데 회복실이었다. "엄마 사랑해." 하면서 달려드는 막내를 꼭 껴안고 "엄마가 꿈꾸는 동안 수술이 끝났구나."라고 말하면서 '아~ 이것이 진정 가피 아닌지….' 멈출 수 없는 환희심에 거룩하신 나의 부처님께 또다시 투정 부리며 반항했던 마음을 사하여달라고 용서를 빌었다. 담당 주치의가 종교가 뭐냐고 물었다. 부처님을 믿는다고 하자 주치의가 "침착하게 사셨나 봐요. 이건 기적입니다."라고 했다. 위치가 좋지 않아 걱정했는데 수술이 잘되었고 전이가 안 됐다며 정말 축하한다고 내 손을 잡아주셨다.

한쪽 가슴을 절제했지만 항암치료를 하지 않고 방사선과 약물 치료를 시작했다. 통증클리닉에서 통원 치료를 받으면서, 내가 죽기 전에 해야 할 숙제 1순위는 막내딸 좋은 짝을 찾아주는 것이었음을 떠올렸다. 남편과 나는 아끼던 것들을 정리하기로 했다. 부동산을 비롯해 모든 것을 줄이고 정리해 앞이 확 트이고 경치가 좋은 곳을 골라 이사했다. 창을 열면 앞산 너머에 재적사찰의 언덕이 보인다. 고개 숙여 삼배를 하면서 아침햇살이 떠오를 때 예배를 드린다. 거룩하신 나의 부처님께….

이사를 와 첫 번째 한 일은 은선이 짝을 찾는 것이었다. 나 없이 결혼하지 않도록 하얀 드레스를 내 손으로 입혀주고 싶었다. 떠날 날을 받아놓은 사람처럼 면역력이 떨어져 링거를 맞아가면서 방사선 치료를 10번째 받던 날, 성실한 청년을 데려온 막내에게 상견례를 주선해 그해 시월에 날을 잡고 예쁜 보금자리를 만들어주었다. 사랑의 열매로 태어난 다예가 7살이 되었다.

매주 수요일마다 방사선 치료를 받으면서 내 반쪽 가슴은 까맣게 타들어갔다. 우울감과 힘듦을 내색하지 못했다. 곁에서 지켜보는 남편이 애처로운 마음에 힘들어할까 봐 명랑한 척 괜찮은 척 그렇게 시간이 흐르는 동안 통일림에서 근 6년을 해오던 봉사활동을 내려놓고 종교활동도 중지했다. 그 누구도 만나고 싶은 생각이 없었고 자존감이 모두 무너지고 상실감으로 우울증까지 겹쳐 왔다.

그런데 존귀하신 나의 부처님은 나를 버리지 않으셨다. 거실 한편에 작은 테이블을 놓고 경전들을 꽂아놓으니 마음이 열리기 시작했다. 그날부터 《천수경》과 《금강경》을 사경하면서 참회기도를 했다. 서서히 건강이 회복되면서 밝아지는 내 얼굴에 생기가 돋아났다. 조계사 대웅전을 오가며 받은 34번의 방사능 치료로 지난해 완치 통보를 받았다.

신심이 흔들리지 않도록 환희심을 갖고 마음 잡는 일이 일상의 화두가 되었다. 내 마음이 반석 위에 올려지기를, 황금빛 가피의 빛과 음성을 기억하기를 바라며, 용기를 갖자고 다독인다. 도종환 시인의 '흔들리지 않고 피는 꽃이 어디 있으랴.'라는 시 구절에 공감하면서, 오직 정진 일심으로 부처님 법 따르며 노력하는 내게 또 다른 시련이 찾아왔다. 이건 어떻게 표현할 수 없는 암울함이었다.

2023년 3월 17일, 남편은 나를 또 한 번 시험에 들게 했다. 뇌출혈로 쓰러진 뒤부터 고혈압과 당뇨약을 복용 중인데 일주일 전부터 숨이 차서 걷질 못한단다. 가슴에 통증이 심해 앉아 있질 못했다. 손발은 퉁퉁 부어올랐고 얼굴색은 창백했다. 병원에서 CT를 찍었는데 폐에 물이 많이 고였으니 서둘러 큰 병원으로 가야 한다며 고대병원에 예약을 잡아주셨다. 진통제로 안정시키며 예약 날인 3월 30일을 기다리던 3월 24일 새벽 호흡곤란이 와 119로 고대병원 응급실에 갔다. 급한 응급처치만 받고 또다시 외래 호흡기내과에 예약을 잡았다. 잠시 화가 났다. 급한 환자는 좀 더 빨리 접수가 되었으면 하는, 그 또한 나의 욕심일 테지만 너무 아파하니 방법이 없었다. 진통제를 먹으며 내원 날을 기다릴 수밖엔….

폐 CT 찍은 영상 CD를 부처님 전에 올려놓고 108배를 하면서 어찌하여 우리 부부는 이렇게 아파야 하냐고, 불보살님의 가피로 이 아픔을 멈추게 해달라고 엎드려 통곡했다. 남편은 고통을 참고 《약사여래경》을 사경하는 것으로 두려움을 다독이고 있었다. 몸이 많이 부어 숨이 차오르는 모습을 보면서 내가 할 수 있는 건 오직 불보살님께 기도하고 '다라니 108독'을 하면서 눈물로 애원하는 것밖에 없었다.

'제가 모르는 그 어떤 잘못이 있는지를 모두모두 참회합니다. 차라리 저에게 벌을 주십시오. 이 남자는 법 없이도 살아가는 진실하고 착한 사람입니다. 오직 성실하게 가정을 잘 돌보고 주변의 아픔도 함께하려는, 진정으로 선한 사람이기에 이 아픔을 저에게 주십시오.'

간절하게 애원하며 다라니 1,000독 이상을 하고 나니 정신이 혼미해졌다.

겨우 몸을 추슬러 호흡기내과 검진에 동행했다. 그런데 모든 자료와 현재 상태를 검사한 교수님이 정말 신기하다며, 분명 CD상엔

물이 고여 있는데 환자의 지금 상태는 양호해졌다고 했다. 폐의 물이 다 말랐고 깨끗해졌다는 것이다. 4월 6일 심장초음파 검사를 한 뒤 최종 판단은 4월 13일에 하기로 했다. 우리 부부는 잠을 설치면서 《금강경》 사경을 하고 참회진언을 계속 암송하면서 마음의 평정을 찾았다. 4월 13일 최종 결과를 보러 가는 남편의 얼굴에 화색이 돌았다. 담당 교수님은 검사 결과지를 모두 보신 뒤 "정상입니다. 약은 안 드셔도 되겠습니다."라고 하셨다. 이 한마디를 듣고 남편은 안도의 숨을 내쉬었다.

이런 현상을 어떻게 말해야 할까. 과학과 의학이 발달되었다지만 영상 속 폐 사진엔 물이 고여 있는데 근 한 달간 기도의 영험으로 병이 나은 걸까. 과학과 현실의 세계를 오가며 혹시 오판은 아니었는지 의심하는 순간, 그처럼 고통이 심해 진통제를 먹던 이 남자는 회복해 일상생활을 하고 있지만 언젠가 또 신심이 나태해지면 두려움이 올 수 있지 않을까 하면서도, 이 환희심을 모든 분들과 함께하고 싶어 두서없는 마음으로 글을 적어보고 있다.

아! 나의 부처님! 두 손 모아 감사드립니다. 언제나 저희 곁에서 우산이 되어주신 부처님의 그 무엇으로도 표현할 수 없는 은혜로운 가피에 감사합니다.

건강한 모습으로 일상을 회복하여 바른 마음으로 정진하고 보살행을 실천하며 살겠다고 불보살님 전에 다짐해본다.

법륜 스님께서 '기도는 외적인 세상을 변화시키는 것이 아니라 기도하는 사람의 내면에서 일어나는 기적'이라고 말씀하셨듯이, 난 세 번의 기적을 보았다. 이렇게 한없는 가피를 더 많은 분들과 나누고 싶어 인연 닿는 모든 분들에게 기도의 가피를 들려드리고 있다. 참다운 인생의 씨앗을 심으면 진정한 운명의 수확을 얻을 수 있다는 것을 체험했기에, 이 순간에도 황금빛 찬란한 가피를 온 마음 가득 받고, 지금은 포교사로서 불교문화해설팀에서 매월 한 번씩 사찰 봉사를 한다. 이제 곧 일흔을 내다보는 나 천월광은 이 생명 다하는 날까지 부처님의 향기를 함께 나누며 봉사하는 마음으로, 걸을 수 있는 그날까지 선행할 것을 삼보님께 다짐한다.

| 포교사단 단장상 |

참나를 찾는 길
-
금강수 권나경

코로나19 팬데믹도 3년 지나니 종지부를 찍는 것 같다. 움츠렸던 마음을 펼치듯 어린 새순이 빠끔히 얼굴을 내민다. 혹한 시련 속에서도 때가 되니 봄꽃들이 피어 생명의 순간을 맞이한다. 인연의 고리는 연기되듯 한 철을 보답하고 홀연히 떠난다. 어느덧 봉사단체에서 포교사로 활동한 지 몇 해가 흐르고 있다.

매달 넷째 주 금요일은 특별한 날이다. 스마트폰 알람 메시지가 설렌 마음을 흔든다. 신천둔치 걷기명상이다. 어둠살이 내리는 저녁 6시 50분쯤 약속 장소에 600여 명이나 되는 대구 지역단 포교사님들이 단복을 입고 집결한다. 각자 일상생활에서 벗어나 포교사로 신행 수행에 동참한다. 참나를 찾는 포행 길. 달빛 아래에서 한 걸음씩 발걸음을 옮길 때마다 지난 순간들이 하나씩 신천가람을 따라 흐른다. 애면글면 돌부리에 숱하게 걸려 넘어지기도 했다. 아픔 속에서 어느 한 곳 마음 둘 곳이 없었다. 하나의 빛을 찾기 위해 몸부림쳤다. 실오라기 같은 한 줄기 빛을 발견했을 때 나의 입에서 저절로 "관세음보살!"이 나왔다. 위기에 처했을 때 찾던 한 가닥 빛은 부처님이었다.

남편이 교통사고로 생명이 위급할 때, 이렇게 허무하게 떠나보낼 수는 없다는 마음으로 붙들고 또 붙들었다. 힘든 병고와 싸우는 남편 마음은 오죽하랴. 가족을 위해 불철주야 애써온 삶은 또 얼마나 서러울까. 남편이 하루속히 회복되어 일상으로 돌아오기를 법당에서 108배를 올리며 부처님께 간절하게 빌었다. '지성이면 감천'이라던가. 남편은 사경을 헤매다 사랑하는 가족 품으로 돌아왔다. 그리고 차츰 회복되었다.

몸을 추스른 남편은 한국불교대학 저녁반에 입학했다. 불교대학 낮반을 맡아 수업을 하고 있던 나는 포교사 시험에 합격한 후 지역 봉사 정견팀에 소속돼 계단 청소를 하고 있었다. 남편은 회사 쉬는 날에는 팔공산 선본사 갓바위를 찾곤 했었다. 그런데 어느 날, 남편이 함께 청소하겠다며 나와 함께 계단을 빗자루로 쓸어내렸다. 불심 깊은 조모님 덕분이었는지 절 봉사에 나서는 나를 간섭하지 않는 것만도 고마울 따름이었는데 이제는 새벽 5시면 가정법당 부처님 전에 함께 정성껏 예불을 올린다.

몇 해 전 한국불교대학 대관음사 회주 우학 스님께서 한국불교대학 4층에 백의관세음보살님을 점안하신 후 신심 있는 불자들에게 가정법당을 마련하라고 권하셨다. 각 기수에서 4년간 기장을 맡아 수업을 이끌던 나는 코로나19 확산으로 법우들과 잠시 떨어져 있게 되면서 하루도 빠짐없이 가정법당의 백의관세음보살님께 새벽예불을 올리며 하루 일과를 시작하고 있었다. 유일하게 집에서 할 수 있는 수행이자 신행활동이 바로 회주스님께서 권하신 백의관세음보살 가정기도였는데, 지금 생각해보면 얼마나 다행한 일이었는지!

보이지 않는 바이러스를 피하려 위생관리를 철저히 했다. 그러나 3차까지 예방접종을 마치고 안일한 생각을 하는 사이 기회를 엿보던 바이러스가 침입했다. 잔기침이 나기 시작하더니 콧물도 났다. 머리는 아팠으나 목은 아프지 않았다. 그래도 혹시나 하는 마음에 가까운 약국에서 코로나 검사기를 구입했다. 아뿔싸! 빨간 줄이 두 개 나왔다. 멍하게 바라보는 동안 심장박동이 멈추는 듯 아찔했다. 먼저 가까운 가족에게 상황을 알렸다. 그 후 격리된 상태로 치료를 받았다.

설마 하는 생각으로 방심했던 나 자신을 자책했다. 2주 후 큰아들이 모처럼 방문했다. 직장생활로 힘든 아들을 위해 좋아하는 음식을 만들었다. 마스크 착용은 필수였다. 아들은 맛있게 음식을 먹고 저녁에 약속이 있다며 갔다. 다음 날 아침 일찍 전화가 울렸다.

"어머니! 병원에서 코로나 검사를 받았더니 양성이라고 해요. 회사에서 격리돼 출근 못 하고 있어요."

"미안하구나. 몸조리 잘해라!"

그날 방문한 게 화근이 되었다. 미안한 마음뿐이었다. 다행히 아들은 고통 없이 코로나에서 벗어났다. 이 또한 부처님 자비가 아닐까 생각한다.

사찰 입구에서 코로나 검사를 하고, 법당에서도 거리두기를 했다. 불교대학 수강생 대부분은 연세 많은 노보살님이었다. 평소 수업에 빠지지 않던 분들이었는데 코로나가 확산되면서 발길이 뜸해졌다. 급기야 절에서 수행하던 불자님들도 한동안 절을 찾지 못했다. 텅 빈 법당은 저절로 거리두기가 되었다. 수업이 사실상 휴강 상태에 접어들면서 나도 생업에 충실했다.

요양보호사로 어르신 돌봄을 시작한 지 어느덧 3년이 훌쩍 넘었다. 오전 9시에 출근해 재가방문하며 아흔이 되신 어르신을 보살피는 일을 한 지가 2년이 되었다. 허리를 다쳐 수술하신 어르신의 병원 진료와 가사일을 돕고, 상태 기록 등을 하는 것으로 오전 3시간이 후딱 지나가버린다. 오전 일을 마치면 오후에는 3등급 어르신 돌봄을 시작한다. 그러다 보면 해거름이 될 때쯤 퇴근하게 된다. 연세 지긋하신 병든 어르신 돌봄은 이제 천직이나 다름없다.

요양사 자격증을 취득하고 처음엔 요양시설에서 1년간 근무했다. 100여 명 가까운 어르신들이 생활하는 보호시설은 체계적인 주야 근무로 빈틈없이 돌아갔다. 야간 3교대 근무 때는 긴장을 한시도 놓을 수가 없었다. 어르신 중에는 사회에서 내로라하는 자리에 몸담았던 분들도 수두룩했다. 하지만 이곳은 재벌도, 직위도 없이 인생을 마무리하는 운명 공동체였다. 요양사의 도움을 받아 대소변을 처리하고 하루하루를 영위해나갔다. 그 과정에서 여러 어르신의 마지막 모습을 지켜보았다.

코로나로 가족과 생이별하고 생을 마감하는 모습도 적지 않게 지켜보았던 터라 내 몸을 각별하게 돌볼 여유는 저만치 달아났다. 심지어는 보철했던 치아에 탈이 났음에도 주야간 일에 쫓기다 보니 병원에서 치료 한번 받기가 쉽지 않았다. 빈틈없는 3교대 생활에 '나 돌보기'는 담 너머 불구경이었다.

1년 동안 아픔을 참아가며 일에만 몰두했다. 잇몸에서 피가 나고 몸이 천근만근이 되어도 피곤해서 그런가 보다 하고 약국에서 피로회복제나 사서 복용하는 게 전부였다. 퇴직을 결심한 날이 일주일 정도 남았을 무렵 사무실을 찾아가 원장님께 사정을 말씀드리고 퇴직서에 서명했다. 내 몸이 건강해야 병든 환자를 돌보지 않을 것인가. 그렇게 주야간 보호시설 1년 근무를 한 후 종지부를 찍었다.

거리두기를 해제한 후 법당에서는 수업이 재개됐다. 한동안 얼굴을 보지 못한 보살님들은 이산가족이라도 만난 듯 반가움에 얼싸안았고 법당은 예전의 모습으로 돌아갔다. 코로나를 잘 견뎌내신 신도님들께 찬탄을 보냈다. 그렇게 시간이 흘러 확진자가 줄어들더니 마침내 마스크를 벗는 날이 왔다. 나도 미루고 미루던 잇몸 이식 수술을 했다. 9개월의 긴 치료를 마치고 마침내 음식을 씹을 수 있게 되었을 때 기뻤다. 부처님께 감사드렸다.

20대에 절친이었던 여고 동창생으로부터 자신의 고종 오빠였던 지금의 남편을 우연히 소개받았다. 그렇게 인연이 되어 조금은 성급하게 결혼하고 종갓집 맏며느리로 살아왔다. 무던한 성격인 경상도 남자의 투박한 모습에 이끌렸다. 올망졸망한 세 자녀가 태어나서 늘 분주했다. 시가에서는 4대 봉제사까지 모셨다. 결혼 초부터 남편의 직업 따라 이동하다 보니 시부모님과 함께 오붓이 살갑게 살지는 못했다.

고부간에 정이 생길 틈도 없이 5년 전에 시아버지께서 작고하셨다. 빈자리가 서운했는지 작년에는 향년 92세로 시어머니마저 유명을 달리하셨다. 몸이 불편하실 때도 일념으로 염주를 돌려가며 정진하셨던 시어머니는 '관세음보살'을 염하시며 편안한 모습으로 일생을 마감하셨다.

불심 깊은 시어머니는 처음 시집온 종부에게 불심을 심어주셨다. 시어머니는 깊은 산중 작은 암자에 다니셨다. 부처님오신날에는 한복을 곱게 차려입으시고 법당에서 맏며느리인 나에게 합장하는 법을 가르쳐주셨었다. 하지만 병이 깊어지시면서 1년에 한 번씩 찾던 암자에도 걸음 하지 못하셨다. 시어머니 장례를 마치고 다니던 사찰에서 49재를 올려드렸다. 시어머니와 절을 참배하며 싹텄던 작은 불심이 이렇게 포교사 활동으로까지 이어진 것이다.

요즘은 지역 봉사 문수팀에서 저녁 출석 체크 봉사를 한다. 직장 일의 피곤함도 잊은 채 신행봉사에 참석해 맡은 소임을 다하고 있다. 우리 절 한국불교대학 대관음사 본사는 대구 시내의 영대 네거리에 자리하고 있다. 불법 홍포(弘布)를 향한 회주스님의 원력에 힘입어 각 지역과 해외에 도량을 마련하고, 신심 있는 보살님들이 환희에 찬 모습으로 신행활동을 이어가고 있다.

지난 음력 2월에는 윤달을 맞이해 많은 불자들과 함께 사찰순례에 동참했다. 천왕봉이 내려다보이는 경치 좋은 곳에 자리한 지리산 도량 치유마을에서 부처님 점안식을 성대하게 봉행했다. 입상으로 조성한 부처님의 상호가 원만하셨다. 병환에 시름하는 불자님들에게 기쁜 소식이 될 것 같아 마음이 흡족했다.

해마다 기수 봉사의 날은 아무리 바빠도 빠짐없이 참석하기 위해 노력한다. 몸이 힘들 때면 환하게 미소 짓는 관세음보살님이 자비로운 모습을 나투시어 어루만져주신다. 이제는 매월 넷째 주 금요일을 기다린다. 한 달에 한 번 걷기명상은 한 번도 거르지 않고 수희 동참한다. 오늘도 지하철 3호선 전동차에 몸을 실어 신천둔치로 향한다.

| 바라밀상 |

고슴도치의 가시가
풀잎이 될 때까지

수원심 전평심

우리 가족은 늘 화난 말투로 퉁명스럽게 대화한다. 이런 습관이 생긴 지 오래되었다. 남편도 나도 아들까지도 말이 입 밖에 나오는 순간 서로를 찌르는 가시가 되었다.

남편과 나는 조그마한 농업경영체를 운영했는데 코로나19로 매달 적자가 쌓여 묵은 체증처럼 가슴을 꽉 눌러댔다. 아들도 취업에 거듭 실패해 부모 눈치를 보게 되니 가정은 바람 앞 촛불처럼 흔들리고 있었다. 절에 다니며 부처님의 가르침으로 마음을 다스리려 했지만, 일주문을 나오는 순간부터는 속된 말로 '도로 아미타불'이 되어버렸다. 답답했다. 경제적인 어려움도 컸지만 가족 간 불화가 무거운 바윗덩이처럼 가슴을 짓눌렀다.

어리석게도 잘사는 친구들과 나를 비교하며 점점 더 마음의 병을 키웠다. 그때는 알지 못했다. 아니, 알고 싶지 않았다. 나의 원망

뒤에서 눈물 흘렸을 남편과 아들의 슬픔을 모른 척해야 내가 살 것 같았다. 아무리 열심히 살아도 나의 편이 아닌 세상을 원망하며 불행의 이유를 모든 곳에서 찾으려 했다. 고슴도치의 가시처럼 뾰족한 말들로 화풀이를 하는 날들이 코로나19의 상처처럼 한동안 이어졌다.

한겨울로 접어들던 12월, 세 식구가 모여 이야기를 나누다가 갑자기 사업을 그만두자는 결정을 했다. 무모하리만큼 어처구니없는 결정임에도 이후 절차는 속전속결로 진행되었다. 사업자 폐업 신고를 하고 거래처들에 폐업 사실을 알리는 것으로 순식간에 사업이 마무리되었다. 장례식을 치르고 고인의 흔적을 정리하는 데 걸리는 시간도 고작 하루 정도였던 기억이 떠올랐다. 40년을 살았든 60년을 살았든 90년을 살았든, 고인의 흔적을 마무리하는 데 이틀을 넘기지 않는다는 생각을 해보니 사업을 접는 일이 그다지 허무하지 않았다.

용감한 건지 무모한 건지, 남편과 나는 철없는 청춘처럼 백수의 하루하루를 즐기며 그 생활에 익숙해졌다. 그러던 어느 날, 남편이 겨울 바다를 보러 가자고 졸랐다. 속으로는 정말 철없는 사람이라고 흉보면서도 겨울 바다를 볼 생각에 마음은 이미 바다로 달려가고 있었다. 남편은 자가용은 집에 두고 대중교통에 모든 것을 맡기자고 했다. 일일이 표를 끊고 걷고 하는 것이 처음에는 귀찮았지만, 이런 일들도 금방 익숙해지고 있음을 느꼈다.

삼척에 도착해 숙소에 짐을 풀고 삼척해수욕장 모래사장을 걸었다. 겨울 바다는 모든 걱정과 번민을 거두어주는 듯 마음을 평화롭고 행복하게 해주었다. 오랜만에 잡은 남편의 손이 거칠고 아주 두텁게 느껴졌다. 차디찬 바닷물을 한 컵 들이켠 듯 갑자기 속이 울렁거렸다. 내가 힘들고 아팠던 만큼 이 사람도 힘들었다는 것을 오랫동안 외면하고 있었음을 깨달았다. 차디찬 겨울 바닷바람이 나의 머리를 헝클이고 눈물이 그렁한 얼굴을 가려주어 참 다행이었다.

한참을 걷다 보니 수로부인길이 나왔다. 헌화가의 주인공으로 알려진 수로부인의 이야기가 아름답게 돌에 새겨져 있었다. 수로부인은 어떤 분이셨을까, 궁금증이 일어났다. 신비로운 이야기처럼 귀한 분이셨을 거라는 생각이 들었다. 겨울 밤바다를 거닐며 남편과 나는 모든 시름을 잠시 잊을 수 있었다.

다음 날 강릉으로 가는 바다열차를 탔다. 열차에 탄 다른 사람들은 정말 행복해 보였다. 극락과 지옥이 둘이 아니라는 발원문의 한 구절이 떠올랐다. 이곳에 와서도 부처님의 품이 그리운 것일까? 이런 생각이 겨울의 차가운 기운을 훈훈하게 해주었다.

바다열차에서 안내방송이 흘러나왔다. 추암역을 지나고 동해역을 지나며 친절하게 그곳에 관한 이야기를 전해주었다. 작은 우리나라가 참으로 넓게 느껴졌다. 이번에는 사연을 문자로 보내는 이벤트를 한다는 방송이 흘렀다. 열차 안의 사람들은 저마다 휴대폰을 꺼내 사연을 보내고 있었다. 작가가 꿈이라던 남편은 시시한 듯 웃기만 하였다. 갑자기 나의 이야기를 누군가에게 전하고 싶은 생각에 휴대폰을 꺼내 사연을 보냈다. 연애편지를 처음으로 써보는 소녀처럼 마음이 두근거렸다. 오랜만에 느껴보는 설렘이 싫지 않았다.

잠시 후 열차 안내방송에서는 채택된 사람들의 사연이 흘러나왔다. 열차 안의 큰 화면에도 사연을 실은 문자와 휴대폰 번호 뒷자리가 연신 들어왔다. 행복한 젊은 부부의 예쁜 사연도 있었고, 아픈 아내와 함께 왔다는 노신사의 힘겨운 사연도 있었고, 친구들과 와서 즐겁다는 학생들의 부러운 사연도 들려왔다. 내 사연은 떨어졌구나 싶어 포기하려는 순간 익숙한 전화번호가 화면에 들어왔다. 내가 보낸 이야기였다.

"30여 년의 일을 마치고 퇴직 여행을 옆지기와 와서 동해 바다를 보니 마음이 편안해집니다. 모두가 행복한 세상을 기원합니다. 0992."

남편과 나는 서로의 손을 꼬옥 잡으며 오랜만에 수고했다는 따뜻한 말을 건넸다. 다음은 정동진을 지나 목적지인 강릉역으로 간다는 안내방송이 나오고 있었다.

겨울 바다는 많은 생각을 하게 했다. 혼자가 아니어서 춥지 않았고, 도착해야 할 목적지가 있어서 고민할 필요가 없었다. 찬 바람조차도 번민과 어리석음을 깨우쳐주는 선생님처럼 느껴졌다.

    강릉역에서 집으로 향하는 고속버스에 몸을 맡겼다. 짧은 여행이지만 피로한 탓인지 이내 잠이 들었는데, 꿈인지 생시인지 모를 만큼 생생한 꿈을 꾸었다. 세상의 모든 것을 공평하게 대하고 평화롭게 살라며 나의 이름에 평(平) 자를 넣어주신 아버지와 불심 깊으셨던 어머니와 함께 절에 갔던 어린 시절의 꿈이었다. 그 절에는 스님들이 계셨고 예쁜 연등이 법당 천장 가득 매달려서 마치 꽃밭을 머리에 이고 있는 듯하였다. 사찰 안에 있는 모든 것이 아름답고 고와서 나는 집에 가기 싫다고 항상 부모님께 떼를 부렸었다.

    버스 안에서의 단꿈은 모든 피로를 잊게 해주었고 꿈속에서 뵌 돌아가신 부모님께 감사한 마음을 전하고 싶었다. 어린 시절부터 부처님 전에 데려가주신 덕에 불자로 살아가게 해주셔서 정말 감사하다고….

    여행을 다녀온 뒤 나는 절에 더 열심히 나갔다. 스님들의 좋은 말씀을 들으며 정말 중요한 것이 무엇인지와 말로 쌓는 업보의 어리석음을 깊이 생각하게 되었다. 서로에 대한 원망보다는 감사한 마음을 가져보려 노력하였고, 상처를 주는 말보다는 위로와 응원의 대화를 하게 되었다. 가는 말이 고와야 오는 말이 곱다는 옛 속담은 진실이었다. 아들도 함께 절에 다니며 젊은 불자로서 신심을 키우게 되었다.

한 달 후, 놀라운 일이 생겼다. 다니던 사찰에 종무원으로 취직이 된 것이다. 8년 동안 신도로서 꾸준히 봉사활동 했다는 신심 하나만 보고 부족한 나를 주지스님께서 채용해주셨다. 이 나이에 취업난을 뚫었으니 성공했다며 사찰 도반들이 축하해주었다. 남편은 그토록 원했던 불교 작가 준비를 하며 꾸준히 글을 쓰고 있다. 아들은 서울에서 행복주택에 입주하고 취업도 해서 사회 초년생으로 열심히 살아가고 있다.

사찰 종무원 업무는 너무 즐겁고 기쁜 일이어서 하루하루가 기분 좋은 일상이 되었다. 절에 오시는 분들께 사찰 안내를 하고 불교 입문 과정도 소개하면서 항상 부처님을 모시는 하루하루는 행복하다는 말로도 부족할 정도이다. 다른 분들의 이야기를 들어주면서 과거에 내가 지은 구업을 참회하는 시간도 갖게 되었다.
어려움과 고단함만 밀려오던 인생이 어느새 편안함과 즐거움으로 바뀌었다. 언젠가 또다시 어려움이 올 수도 있겠지만 이제는 잘 이겨낼 자신감이 생겼다. 내 뒤에는 항상 부처님이 계시니까.

오랫동안 나는 고슴도치였다. 남도 아프게 하고 나도 아프게 하는 가시를 갖고 있는. 그 가시가 풀잎이 될 수 있도록, 그래서 아무도 아프게 하지 않도록 이끌어주신 스님들께 감사의 마음을 올린다. 그리고 불법 만날 수 있었던 인연과 온 세상에 항상 계신 거룩하신 부처님 전에 두 손 모아 감사드린다.

    거룩하신 부처님께 귀의합니다.
    거룩하신 가르침에 귀의합니다.
    거룩하신 스님들께 귀의합니다.

― 바라밀상 ―

옥을 갈고 닦아
빛을 내어…

― 마하심 우영혜

아이들이 어릴 때 쓴 일기장을 가끔 꺼내 본다. 그럴 때면 나도 수행일기를 써서 불자로서 초심자 때의 나를 돌아보고 싶다는 생각이 들었었다. 이번에 신행수기를 써보고자 마음을 내면서 그 생각을 17년 만에 실행에 옮기게 되었다. 아니, 어쩌면 신행수기를 쓴다는 명목이지만 17년 나의 수행일기가 그간의 나를 되돌아보는 시간이 될 것 같다.

2006년, 2살 터울의 삼 남매를 두고 축서사 불교대학에 입학했다. 막내가 초등학교 입학하기도 전이니 지금 생각해도 무모한 일이었다. 하지만 달리 생각하면 그때부터 부처님께서 내 손을 잡아주신 것이니 감사한 일이기도 하다.

불교대 입학식 날, 37살의 젊은 새댁이 70여 명의 어르신들 틈에 서 있다 보니 젊다는 이유로 얼떨결에 총무 소임을 맡게 되었다. 총무라는 소임에 충실하느라 불교대학 수업 내용보다는 학생들 관리와 봉사에 더 중점을 두었던 것 같다.

그러다 그해 겨울, 불교대 학생들과 본찰인 축서사에 김장 봉사를 하러 가다 교통사고가 났다. 갈비뼈가 부러지고 얼굴 혈관이 터졌다. 얼굴에 피가 고이면서 얼굴이 선풍기만 해졌다고 사람들이 얘기해줬다. 하필 선풍기만 한 얼굴로 입원해 있는데 학감스님을 비롯해서 얼굴도 모르는 많은 신도님들이 병문안을 다녀가셨다. 비록 몸은 여기저기 다쳤지만 내가 이렇게 많은 신도님들의 관심과 사랑을 받고 있다는 것을 알게 되었다. 사고를 핑계로 주저앉을 뻔했던 나는 신도님들의 격려와 사랑에 힘입어 더 열심히 봉사하며 신행생활을 이어갔다. 그것이 나에게 관심과 은혜를 베풀어주신 신도님들에 대한 보답이라고 생각했기에.

축서사에서 사리탑을 건립하면서 '보궁기도회'라는 기도 신행단체를 만들었는데, 불교대 총무 소임에 열심이었던 내 모습이 인상적이었는지 이 단체의 총무를 또 맡게 되었다. 그때까지만 해도 다른 신도님들보다 나이가 어리니 몸으로 열심히 뛰면 된다는 생각밖에 없었다. 그래서 주어진 일에 열심히, 최선을 다했다.

축서사 보궁기도회에서는 매년 정초에 《자비도량참법》 기도를 일주일간 했다. 책 내용이 좋고 많은 신도님들이 하고 싶어 했던 기도이기에 동참 인원이 계속 늘어나서 매해 100여 명이 법당에서 기도를 했다. 그런데 희한하게도 《자비도량참법》 기도 기간에는 꼭 눈 내리는 날이 있었다. 축서사는 산 중턱 경사가 심한 곳에 있어서 그럴 때면 모두가 초긴장 상태로 기도에 임했다.

　기도 중에 눈이 내려도 중간에 기도를 끝낼 수는 없기에, 눈이 내리면 나는 법당 밖으로 나와서 신도님들이 벗어놓은 신발에 끈을 칭칭 동여매주었다. 그러면 끈 덕분에 신도님들이 눈길에도 미끄러지지 않고 안전하게 내리막길을 걸어갈 수 있었다. 어느 해 겨울엔 산중의 밤 날씨가 너무 추워 신발이 다 얼어버릴 것 같았다. 그래서 신도님들 신발 안에 핫팩을 미리 붙여놓아, 기도 마친 뒤 신발을 신어도 발이 덜 시리게 해드린 적도 있다. 나의 그런 마음 씀씀이는 지금도 많은 신도님들 사이에 회자되고 있으며, 그런 일들이 17년간 이어져온 우리들만의 보궁기도 역사가 되었다.

　부처님 법 배우면서 처음 알게 된 '도고마성(道高魔盛)'. 이 말에 딱 맞는 일이 내게 일어났다. 불법 인연을 맺은 지 얼마 되지 않아 재미도 있고, 호기심도 많아 대중기도 인연이 닿으면 가능한 한 동참을 하려고 애쓰던 때였다. 《신묘장구대다라니》 기도도 처음 접하면서 재미를 붙였다.

　어느 날 21일간의 다라니 기도를 대중들과 회향하고 내려오는데 친정 엄마에게 전화가 왔다.

"너는 아이들을 돌봐야지, 어린 아이들을 두고 절에는 왜 그렇게 열심이냐."

엄마도 불자시면서 그런 말씀을 하시는 게 화가 나 엄마에게 하고 싶은 말을 마구 쏟아내며 화를 냈다. 생전 엄마에게 화를 낼 줄 몰랐던 나였기에 그런 내 모습에 더 화가 나서 울며불며 미친 듯 엄마에게 퍼부었다. 엄마도 처음 보는 딸의 모습에 놀라셨는지 울음 섞인 목소리로 나를 달래셨다. 그렇게 악다구니를 퍼부어대고도 마음이 풀리지 않아 엄마에게 며칠간 전화를 하지 않았다.

며칠 뒤 올케한테서 전화가 왔다.

"형님, 어머니가 쓰러지셔서 구급차로 병원 응급실에 와 있어요."

전화를 끊고 뭔가 좋지 않은 예감을 안고 병원으로 달려갔다. 아버지에게 들으니 엄마가 며칠 전부터 갑자기 숨이 안 쉬어지고 가슴이 아프다는 얘기를 했다고 한다. 아마도 내 전화를 끊고 그때부터 안 좋으셨던 것 같다.

엄마는 중환자실에서 의식 없이 누워 계시다 3일 뒤 돌아가셨다. 의식은 없었지만 온기가 남아 있는 엄마의 손을 잡고 "엄마, 내가 잘못했으니 모든 맺힌 원망 다 풀고 좋은 데 가. 미안해!"라고 속삭이자 엄마의 감긴 눈가에 눈물방울이 맺혔다. 엄마가 그렇게 떠나신 후 한동안 나는 그 죄책감에 많이 힘들었다.

힘든 상황을 이겨내는 방법은 역시 기도밖에 없었다. 그때부터 나의 기도는 오직 엄마를 위한 기도, 그리고 나 때문에 갑자기 혼자가 되어 힘들어하시는 아버지를 위한 기도였다. 도반으로 같이 기도 다니시는 보살님들 중에는 돌아가신 친정 엄마와 연배가 비슷한 분들이 많았다. 그분들은 어느 때는 나의 기도를 이끌어주는 도반이었다가 또 어느 때는 딸을 생각하는 엄마의 모습으로 보였다. 도움드리고 싶은 마음이 저절로 우러나와서 매번 그분들 모시고 보궁 기도도 다니고 성지순례도 가면서 각별한 정을 쌓아나갔다.

기도와 봉사를 핑계로 사춘기 세 아이들을 등한시했던 건 사실이다. 엄마의 관심과 손길이 필요했던 아이들은 중학생이 되면서 방황을 했다. 큰 딸아이는 친구들과 어울려 다니면서 호기심에 술을 마시다가 출동한 경찰차에 실려 집에 오기도 하고, 친구 무리들과 후배들을 집단 폭행해서 내가 여러 번 학교에 불려가기도 했다. 큰 딸은 가해자로 그렇게 걱정을 하게 만들더니 막내아들은 동급생에게 일 년간 시달리며 돈도 뺏기고 폭행까지 당한 것을 뒤늦게 학교 측의 연락을 받고 알게 되었다. 아들이 매일매일 학교 갈 때의 심정이 어땠을까를 생각하니 가슴이 미어지는 것 같았다. 그런 일이 있었다는 것을 알게 된 어느 날 아들에게 "경현아, 왜 그런 얘기를 안 했어? 매일매일 학교 갈 때 심정은 어땠어?"라고 물어보았다. "그냥 아침에 일어나기 싫을 때가 많았어."라는 무덤덤한 대답에 눈물이 핑 돌았다.

엄마로서 아이들에게 소홀했던 건 사실이지만 그런 아이들을 위해서 내가 할 수 있는 건 그 아이들을 믿어주는 것밖에 달리 방법이 없었다. 그리고 불자로서 열심히 봉사하고 주변을 배려하며 살아가는 진솔한 엄마의 모습을 보여주는 것이 가장 크고 훌륭한 교육이라는 생각은 늘 갖고 있었다.

사춘기 때 많은 혼란을 겪었던 세 아이들이 아빠와 엄마의 믿음으로 무사히 대학까지 마치더니 어느덧 직장 걱정을 하는 성인이 되었다. 어릴 때 엄마인 나의 사랑과 관심이 부족했던 그 아이들을 위해 내가 해줄 수 있는 일은 역시 기도밖에 없었다. 몇 년 전에 축서사 새벽기도를 다닌 경험이 있어서 다시 새벽기도를 다니고 싶다는 생각이 간절했다. 축서사 새벽 3시 예불 시간에 맞추려면 집에서 2시 반에는 출발해야 한다.

'좋아, 한번 해보자! 오직 세상에 빛이 될 나의 인연, 내 아이들을 위해서.'

그렇게 굳게 마음을 먹고 축서사 야외에 모신 삼존불 앞에 도착한 나는 3시 예불과 함께 기도를 시작했다. 삼존불 앞이니만큼 처음 한 달 동안은 나무아미타불 염불을 했다. 보궁기도를 하면서 목소리가 커진 터라 온 도량이 울리도록 소리를 질렀다. 지금 생각하면 참 창피한 일이었지만 그때는 소리 지르고 싶은 대로 맘껏 질렀다. 산을 감싸고 있는 나무들이 들썩들썩하는 느낌까지 들었다. 한 달 넘게 그렇게 소리를 지르고 나니 이젠 소리를 내기보다 조용히 앉아서 늘 흔들리고 있는 나와 마주하고 싶었다. 그래서 그때부터는 두 시간 동안 나를 지켜보는 시간을 가졌다. 산중의 새벽은 생각보다 추워서 온몸에 핫팩을 붙여가며 두어 시간을 그렇게 앉아 있었다. '백 일만 하고 마쳐야지!'라고 생각했던 새벽기도는 힘들다는 생각보다 오히려 상큼한 새벽공기와 말로는 표현이 안 되는 그 오묘함을 더 오래도록 느끼고 싶어, 직장을 다니고 있으면서도 새벽 2시 반이면 습관처럼 축서사로 향했다.

역시 내 기도는 통했다! 딸아이 둘이 동시에 9급 공무원 시험에 합격하는 영광을 얻었다. 한 명도 힘든 공무원을 그것도 둘이 동시에 말이다. 매일 새벽 삼존불 부처님께 인사하러 오셔서 늘 나를 지켜보신 큰스님께서도 그토록 애쓰더니 역시 좋은 성과를 냈다며 기뻐해주셨다. 딸아이 둘 공무원 합격시키고 남편까지 면소재지 면장을 시킨 건 마하심의 기도 덕이라는 소문이 신도님들 사이에 퍼지면서 모두들 본인 일처럼 기뻐해주시고 축하해주시던 그때가 지금 생각해도 감개무량하다.

신행수기를 쓰면서 이렇게 17년간의 신행생활을 돌이켜보니 참으로 일도 많고, 말도 많고, 탈도 많은 시간이었다. 다행히 그 시간 동안 오롯이 부처님 법을 믿고 따랐기에 지금 이렇게 옛 일을 회상하며 글을 쓰는 여유를 누리고 있다. 어리다면 어린 나이에, 그것도 앞가림도 못 하는 삼 남매를 집에 두고 불교대학은 무엇 때문에 갔으며, 불법에 대해 아무것도 모르는 촌 새댁이 무슨 마음으로 그 힘든 총무 소임을 겁 없이 맡았을까? 늘 복이 많다고 자랑삼아 얘기하던 나는 그것 또한 부처님의 이끄심이 아닌가 하는 생각이 들어 오직 감사한 마음뿐이다.

이런 내가 오래도록 해왔고 앞으로도 쉼 없이 할 수 있는 유일한 일은 부처님 법 열심히 배워서 주변에 작은 도움이라도 주는 것이라는 생각이 든다. 사람은 누구나 완벽하게 태어났다고 들었다. 다만 그것을 꺼내서 쓸 줄을 몰라 늘 이렇게 헤매고 있다고 한다. 내 안에 있는 뾰족뾰족한 옥을 무뎌지게 갈고 닦아 빛을 내어, 그 빛으로 주변을 환하게 밝히고, 점차 널리널리 우주 법계가 밝아질 수 있도록 작은 힘이라도 보태고 싶을 뿐.

3부

자비합니다

우리 몸에 병이 생기는 까닭은
누군가를 미워하고 증오하기 때문입니다.
그러한 상태에선 음식을 먹어도 양분으로 소화되지 않습니다.
자비 명상이 주는 최상의 이익은 분노와 증오의 제거입니다.
증오로 인한 긴장과 갈등은 우리에게 병을 주지만
증오를 제거하는 자비와 명상 수행은
나에게 박혀 있는 증오를 녹여 통증과 질병을 치유합니다.

| 교정교화전법단 단장상 |

나의 마음에서
산다는 것

― 이○○

삶이란 고통과 비탄의 진창에서 뒹구는 것이라고 부처님께서 말씀하셨다. 부처님께서 영원한 열반에 이르신 지 많은 시간이 흘렀지만 여전히 우리는 숨 막히는 슬픔에 몸부림치며 고통의 바다에서 유영한다.

 지금으로부터 두 달 전 어머니가 난소암 진단을 받으셨다. 구속된 내가 그 소식을 알면 걱정하고 극심한 불안에 떨까 봐 알리지 말라고 당부하셨으나, 동생과의 통화로 알게 되었다. 통화를 마치고 사시나무처럼 떨리는 몸으로 운동장을 천천히 걸었다. 내 마음은 절박하고 숨 막히게 고통스러운데 맑은 봄빛이 쏟아지는 하늘은 너무나 파랗다는 것이 슬펐다. 아름다운 봄날의 하늘을 보며 사랑하는 어머니가 이 맑은 계절을 제대로 느끼지 못하고 아파하고 있다 생각하니 내 마음은 더 애절했다.

정기법회 시간이었다. 사금파리처럼 바스러진 마음으로 법당에 들어갔다. 불단(佛壇) 위 양초가 주황색으로 어른어른 타올랐다. 스님의 《반야심경》 외는 소리가 법당에 흩어졌다. 귀를 울리는 목탁 소리와 《반야심경》 외는 소리를 들으며 염주를 건 손을 모아 부디 어머니가 아프지 않기를 간절히 기도했다. 기도하고 송경(誦經)하는 동안 숨 막히는 슬픔으로 혼곤해진 의식 때문에 불단 위 황금빛 본존의 청초한 모습이 망막에서 번졌다. 스님의 법문을 들으며 삶과 죽음, 만남과 이별, 이상과 현실 사이의 괴리와 인간성의 가장 깊은 곳으로 이어진 빛과 어둠을 생각했다. 그날 밤은 고요하고 소슬했다. 창밖으로 달빛이 스며든 하얀 벚꽃이 떨어지고 있었다. 동생의 말이 뇌리에서 떠나지 않았다.

"아마 5년 전부터 어머니 몸 안에서 암이 시작되었을 거래. 의사가 말해주었어."

어머니의 병이 시작되었을 무렵인 5년 전 나는 구속되었다. 삶을 가치 있게 만드는 것은 부와 명예가 아니라 내 주위의 사람들과 소중한 가족, 자신의 종교적 신념이라고 지혜로운 이들은 말해주었지만, 그 말의 진정한 뜻을 알게 되었을 때 나는 이미 수의를 입고 있었다. 8년 형을 선고받아 그 형이 확정되고 5년이 흘렀다. 지독하고 혹독한 긴 겨울 같은 시간이었다. 내 안의 모든 것은 얼어버렸고, 내 삶에 실재하는 것은 아무것도 없었다.

나는 죽음의 자리에서 지난 인생의 날들을 생각하듯이, 깜깜한 어둠 속에서 섬광 같은 한 줄기 빛을 생각하듯이, 시련의 겨울 안에서 봄처럼 따스한 어머니의 사랑을 생각하며 인내했다. 고통 속에서 몸을 태우다 스러지는 순간순간의 잔해 같은 지난 시간을 견딜 수 있었던 것은 어머니의 헌신과 사랑 때문이었다.

불심이 강한 어머니는 끊임없이 불서를 보내주셨고 나에게는 시간이 많았다. 나는 대부분의 시간을 불서를 읽으며 보냈다. 책의 마지막 장을 넘길 때면 격정으로 가득한 마음은 평안해졌고, 내 낡은 세계는 입자 단위로 분해되어 사유의 우주로 흩어졌으며, 그 광활한 우주 안에서 나는 영혼의 상처를 조금씩 치유했다.

그러나 어머니가 아프신 지금, 정작 나는 어머니를 위해 드릴 수 있는 것이 없다는 현실이 견딜 수 없이 고통스러웠다. 도대체 나는 무엇을 위해 살았던가. 도대체 얼마나 어리석은 아들이었던가. 지난날 나의 잘못이 깊은 후회로 밀려왔다.

구속 전, 미약한 나의 지식이 세상을 판단하는 유일한 척도라 착각하고, 물질의 향유가 최우선이라 여기며 내 안의 욕심을 채워갈 동안, 어머니의 몸 안에서는 암이 자라나고 있었다. 그때 가장 소중하다고 생각했던 물질적 풍요를 위해 자본주의 세상에 나를 맞추고 재단하는 동안 나는 사랑하는 어머니의 손을 더 잡지 못했고, 서로의 눈을 맞추며 쏟아지는 황금빛 햇살을 느끼지 못했으며,

선물처럼 주어진 맑은 계절에 함께 걷지 못했다.

후회로 물든 내 마음은 무겁고 산란했다. 나는 한숨도 자지 못했고 속은 메스꺼웠다. 시야에서 노란색 별들이 빙글빙글 소용돌이치다 없어졌다. 하염없이 눈물이 흘렀다. 나의 육체는 눈물이 흘러내릴 때마다 오한을 했고, 모든 것이 바늘 끝처럼 예리한 자극으로 와닿았다. 내 몸의 터럭 하나하나가 올올이 곤두선 느낌이었다. 절박하고 처절한 마음으로 밤을 지새웠다.

사위가 조금씩 밝아지면서 창문으로 들어오는 파르스름한 박명을 보며 어머니와 함께했던 기억의 편린들을 더듬었다.

절망과 슬픔으로 끝없이 침잠하여 영혼이 황폐해진 그때, 사랑하는 어머니가 접견을 오셨다. 접견장 안 투명한 아크릴판 너머에 어머니가 계셨다. 암이 온몸을 잠식해오는 죽음의 공포 앞에서도 어머니는 말씀하셨다.

"엄마는 괜찮아. 걱정하지 말고 너 자신을 항상 소중히 생각하고 부처님께 기도하자. 아들 사랑해."

어머니의 안온한 음성이 귀에 울리는 순간, 내 안에서 애잔히 찰랑거리는 감정들이 쏟아져 눈물을 보일까 봐 애써 참았다.

"다 괜찮아질 거예요. 어머니 사랑해요."

그렇게 접견이 끝났다.

자신이 가진 모든 것을 자식을 위해 아낌없이 다 주고도 더 주지 못해 아쉬워하는 숭고한 모성의 찬란함. 진정 그 찬란함에 눈부심을 느끼며 한 인간으로서 어머니를 존경했다.

3월 29일은 어머니의 수술 날이었다. 창밖을 바라보니 계절은 온통 봄이었다. 겨울에 앙상한 자태로 오도카니 서 있던 나무도 푸르러져 있었다. 완연하게 바뀐 따스한 봄바람이 불어와 내 긴 머리카락을 헝클어뜨렸다. 창문으로 황금색 햇빛이 쏟아져 들어왔다. 직업훈련교육 강의실이 햇빛으로 찬연하게 빛났다. 나는 따사로운 황금색 빛이 부처님이라 생각했다. 파리한 내 얼굴에, 어깨에, 손등에 부처님이 내려앉으셨다. 부처님의 가피로 부디 어머니의 수술이 무사히 끝나기를, 병이 낫기를, 어머니가 아프지 않고 행복하기를, 부처님의 따스한 품 안에서 간절히 기도했다. 두렵고 초조했던 마음이 점차 잔잔해졌다. 10시간의 긴 수술이었다.

매일 저녁 잠들기 전 명상하고 불경을 외며, 수술 후 중환자실에 계신 어머니가 무사히 회복하시길 온 마음으로 빌었다.
내가 할 수 있는 정직한 노력으로 최선을 다하여 직업훈련교육에 임했다. 최후의 자신이 지키고 싶은 작은 소망과 삶의 희망, 그 임계에서 사소한 일에도 성실하게 노력하고 최대한 긍정적으로 생활했다. 그것은 어머니와의 약속을 지키는 일이었고, 또한 삶의 가장 낮은 곳에서 부처님의 가르침을 실천하는 내 굳은 신념의 초석이었다.

직업훈련교육 담당 교도관님도 불심이 강하셔서 종교활동을 적극 지지해주셨다. 너무나 감사한 일이었다. 불교 봉사원이라는 좋은 기회가 생겨 나누는 환한 마음으로 봉사했다. 이 모든 것에 감사하고 부처님의 말씀을 새기며 하루하루를 사유하며 살았다.

나의 간절한 기도가 부처님께 닿았던 것일까. 어머니는 무탈하게 회복하셨다.

그 후 다시 정기법회 시간이었다. 불교 봉사원이었기에 가장 먼저 법당에 들어가 법회 준비를 했다. 불단 위 향로 속 향이 타올라 하얀 연기와 회색 재로 화했다. 감사함을 가득 담아 부처님께 합장하고 배례했다. 법회가 시작되었다.

"속세의 시간 속에서 가득 채워진 자는 스스로 비워내는 시간을 가져야 한다. 이는 넘쳐흐르는 잔을 다시 비우는 행위와도 같다."

법의를 입은 스님께서 말씀하셨다. 그리고《반야심경》의 '색즉시공 공즉시색(色卽是空 空卽是色)'의 의미와 '만다라' 그리고《화엄경》의 '일체유심조(一切唯心造)'에 대해 설법하셨다. 법당 안은 마치 이 세상이 아닌 것처럼, 나의 육신이 사라져가는 것처럼 오로지 목탁 소리, 스님의 설법 소리만이 흐르듯 구르듯 가득 차 내 안에서 파동했다.

그 순간, 나의 내면은 더없이 고요하고 평온해졌다. 무엇인가를 이해한 것만 같았다.

"색과 공이 다르지 않고 공과 색이 다르지 않다. 색이 곧 공이며 공이 곧 색이다."

색(色)이란 유형(有形)이고 공(空)이란 무형(無形)을 의미한다. 이를테면 물질을 이루는 가장 작은 단위인 아원자는 눈으로 볼 수 없으나 아원자의 결합인 물체는 우리가 볼 수 있다. 또한 스스로 위치를 바꾸어 관측하려는 순간에는 소멸하고 그렇지 않으면 다시 나타나는 아원자의 특성 때문에 물리학의 주류인 양자역학이 탄생했다.

만다라는 불교미술의 한 종류로 깨달음의 경지를 기하학적인 요소로 표현한 것이다. 스님은 모래로 만다라를 완성한 다음 곧바로 모래를 전부 무너뜨린다. 그 무너짐을 멈추고 싶어도 찰나의 순간에 완성과 소멸은 공존한다. 그렇기에 '색즉시공 공즉시색'의 유형과 무형, '만다라'의 완성과 소멸은 서로 다르지 않다.

부처님께서 말씀하셨다. 세상을 바라보는 인식의 관점과 자아를 인지하는 태도에 관하여. 세상이 영원할 것이라는 믿음, 스스로의 정신도 영원 불변할 것이라는 잘못된 인식은 맹목적으로 부와 명예를 좇게 하는 결과를 낳는다. 그러나 불변의 세상과 자아는 존재하지 않는다. 이를 부처님께서는 '무아(無我)'라고 하셨다.

무아를 수용할 때 물질에 대한 욕망과 세속에 관한 집착이 사라질 것이며, 그제야 비로소 '마음이 물질에서 나오는 것이 아니라 물질이 마음에서 나온다.'라는 부처님의 가르침을 깨닫고 '색즉시공 공즉시색'과 '만다라'의 진정한 의미를 이해할 수 있었다.

'일체유심조'는 세상의 모든 것은 자신의 마음이 만들어낸 것이라는 뜻이다. '나를 둘러싼 세상이 실제로는 나의 마음이 만들어낸 세상'이라는 진리를 부처님께서는 이미 오래전에 깨달으셨다. 내 눈앞의 세상은 나의 주관에 의해 재구성된 내면 세상이다. 그렇기에 삶에 대해 이해하려고 한다면 반드시 스스로가 자신의 의식 안에서 산다는 것과 삶의 주인공은 다름 아닌 '소중한 자신'이라는 사실을 깨달아야 한다.

조금씩 다가오는 죽음의 그림자 앞에서도 어머니는 내게 "자신을 소중하게 생각하라."라고 말씀하셨다. 자신을 소중히 여기고 집착과 소유라는 욕망의 잔을 비워내는 그 순간, 나는 '일체유심조'의 뜻을 진정으로 이해하게 되었고, 비로소 고통으로 갇힌 삶에서 해방되어 인생의 주인공으로 살아갈 수 있게 됐다.

지금으로부터 2,600년 전 부처님께서는 영원한 열반에 이르기 전 마지막 가르침을 인류에게 남기셨다. 힘든 항암치료 중에도 이 신행수기를 쓰도록 온 마음으로 응원해주신, 그 존재만으로도 한없이 감사한 어머니께 이 위대한 궁극의 가르침을 감사 인사 대신 전한다.

스스로가 너의 등불이 되어라.
스스로가 너의 의지처가 되어라.
진리를 등불로 삼고 진리를 의지처로 삼아라.

나는 극한의 상황 속에서도 자신의 의지로 시련을 극복할 수 있고 삶을 결정할 수 있는 주체적인 소중한 존재다. 나의 펜으로 엮인 이 문장들이 지금 내가 쓸 수 있는 가장 소담하고 고요하며 환한 것이라 믿는다. 간절함으로 써 내려가는 이 글이 사랑하는 어머니께 닿아 반드시 병이 완치되어 건강을 찾으시길 진심으로 바란다.
이제 나는 고통의 바다가 아닌 감사의 바다에서 유영하고 있다. 이제야 비로소 부처님의 제자로 다시 아름다운 인생을 살아가고 있다.

― 교정교화전법단 바라밀상 ―

지족의 삶

-

장○○

욕심이 많은 사람은 이익을 구함이 많기 때문에 고뇌도 많다. 그러나 욕심이 적은 사람은 구하는 것이 없기 때문에 근심 걱정도 적다. 또 욕심을 없애려고 노력하는 사람은 마음이 편안해서 아무 걱정이나 두려움이 없고 하는 일에 여유가 있어 각박하지 않다. 그래서 마침내는 고뇌가 말끔히 사라진 해탈의 경지에 들게 되니 이것을 가리켜 소유욕이라 한다.

모든 고뇌에서 벗어나고자 한다면 먼저 만족할 줄을 알아야 한다. 넉넉함을 아는 것은 부유하고 즐거우며 안온하다. 그런 사람은 비록 맨땅 위에 누워 있을지라도 편안하고 즐겁다. 그러나 만족할 줄 모르는 사람은 설사 천상에 있을지라도 그 뜻에 흡족하지 않을 것이다. 만족할 줄 모르는 사람은 부유한 것 같지만 사실은 가난하고, 만족할 줄 아는 사람은 가난한 것 같지만 사실은 부유하다. 이것을 가리켜 지족이라고 한다.

— 《유교경(遺敎經)》 중에서

이곳에서의 일상은 나 자신만이 존재한다. 모든 것을 내려놓고 온전한 나로 살아본다는 것은 어쩌면 평생 경험하기 어려운 일이다. 하지만 수형생활은 타인에 의해 모든 것을 내려놓는 삶이다.

처음에는 모든 것이 끔찍하고 불면증에 시달릴 만큼 고통스럽지만, 시간이 가면 주어진 현실에 순응하고 미래를 다시 그리게 된다. 결국 모든 것은 마음에 달려 있다는 '일체유심조'의 진실을 체득하게 되는 곳이기도 하다.

누구나 화려한 시절이 있다. 나 또한 특별한 인생을 살아왔다. 능력이 뛰어나서는 아니었다. 물론 열심히 살았지만 중요한 선택의 순간에 항상 알 수 없는 지혜와 운이 따랐다. 대학교 재학시절 군 입대를 앞두고 갑자기 지원한 사관학교 입학이 그러했고, 소위 군대에서 승승장구하다가 전역을 결심한 것과 창업 또한 그랬다. 지금 생각해보면 이는 무언가 강한 이끌림에 의한 것이었다.

작은 시골 마을에서 태어난 나는 어른들의 사랑을 많이 받으며 유복하게 자랐다. 머리가 좋다는 칭찬을 많이 들었고 초·중·고등학교를 다니는 12년 중 10년을 반장 또는 학생회장을 할 정도로 리더십도 있었다. 모두가 어려워하는 입시에서도 운 좋게 좋은 대학교, 원하는 학과에 입학했다. 모든 것이 순탄했다. 그러던 중 대학교 2학년 때 내 인생의 첫 번째 변곡점을 맞았다.

당시 대학교 학보사에서 학생기자 생활을 하던 나에게 취재 배당이 내려왔다. 장교가 되는 과정인 사관학교의 입시설명회가 교내에서 진행되니 행사에 참석해 참관과 취재를 하고 기사를 작성하라는 내용이었다. 통상 학생기자들은 자신의 공강 시간에 취재를 나가게 되어 있는데, 때마침 그 시간에 수업이 없었던 나에게 일이 배정된 것이었다. 하지만 군대와 거리가 멀었던 나에게 정복 입은 군인들이 설명하는 사관학교 생활은 너무나도 따분하고 재미없어 보였다. 게다가 혼자 하는 취재였기에 카메라로 행사장도 촬영하고 관계자 인터뷰도 진행해야 했다. 사관학교 노교수와 형식적인 인터뷰를 끝낸 뒤 인사하고 돌아서려는데 그분이 평생 잊지 못할 묵직한 화두를 하나 던지셨다.

"자네 눈이 참 크고 맑구만. 뜨겁고 열정적으로 살아보고 싶다면 우리 학교에 지원해보게."

당시에는 그 말이 내 인생을 그토록 크게 흔들어놓을 줄 몰랐다. 하지만 정신을 차리고 보니 나는 이미 사관학교 시험을 통과해, 사관생도로서 학교에 다니고 있었다.

사관학교 생도로 살아본다는 것은 아주 특별한 경험이다. 모든 것은 국비로 지원되며 품위유지비라는 용돈도 매달 준다. 게다가 높은 수준의 교육을 받고 최고의 문화시설을 이용할 수도 있다. 테니스, 골프, 수영 등 내 인생에서 많은 부분을 차지하는 습관과 취미들도 그때부터 시작되었다. 하지만 획일적인 생활은 지루함을 동반한다. 학교에서 24시간 생활하며 세끼 밥을 같이 먹는 동료들 사이에서 지내다 보면 새로운 자극과 재미는 항상 필요했다. 게다가 자유분방한 대학물을 먹다가 갑자기 모든 환경이 바뀐, 겨우 스물두 살의 피끓는 청춘들 아닌가…. 우리에게는 다른 이들이 모르는 우리만의 아지트가 필요했다. 정복을 입고 의젓한 척을 해도 아직은 앳되고 순수한 그런 시기였다.

여러 장소를 물색하던 중 적당한 곳을 찾았다. 당시에 학교 안에는 모든 종교시설이 있었다. (사관학교는 보통 학교 담장을 따라서 걷기만 해도 두 시간은 족히 걸릴 정도로 규모가 크다.) 그중에서도 가장 느슨한 곳, 바로 '호국사'라는 학교 내에 있는 절이었다. 생도들 사이에서 불교는 인기가 낮은 종교였고, 예불이 없는 시간엔 항상 불당이 비어 있었다. 그때부터 그 공간은 우리의 아지트가 되었다.

공강 시간이면 마음 맞는 친구들과 몰려가서 차도 마시고, 라면을 끓여 먹고 낮잠을 자기도 했다. 하지만 꼬리가 길면 밟히는 법.

그날도 어김없이 낮잠을 즐기던 우리는 난데없는 죽비 소리에 벌떡 일어나서 앉았다. 학교 법당의 주지스님이 오신 것이었다. 잠결에도 '큰일이다' 싶었다.

"누군가 했더니, 네놈들이었구나."

스님은 우리의 우려와 달리 너무도 인자하게 웃으시며 모두를 따뜻한 눈빛으로 내려다보셨다. 그리고 우리를 불러서 차를 내려 주셨다. 학교 가장 높은 곳에 있는 불당에서 빗소리를 들으면서 마시는 차 한잔. 인생에서 잊지 못할 깊은 여운을 느낀 순간이었다.

민망함에 어쩔 줄 몰라 하는 우리에게 스님은 의외의 말씀을 하셨다. "감사하다."는 인사였다. 생도들이 찾아주지 않으면 의미 없는 이 공간을 채워주어서 비로소 이곳이 제대로 된 의미를 가지게 되었다고 말씀하셨다. 우리 모두는 예상치 못한 환대와 스님의 그 미소를 두고두고 추억했다. 그날 스님의 미소는 모든 것을 잊게 해주었다. 나의 불교는 그날부터 시작된 셈이다.

물론 불교에 대한 뜨거운 열정이 있었던 것은 아니다. 하지만 살아가면서 어려운 순간을 만나거나 사업을 하며 답답한 순간이 찾아오면 자연스럽게 근처 사찰을 찾게 되었다. 특히 가끔씩 듣는 풍경소리는 스트레스를 내려놓게 해주었다. 모든 것이 순탄했었다. 그런데 무엇이 잘못된 것일까? 나는 분명히 좋은 기업, 훌륭한 회사를 만들고 싶었던 것뿐인데….

지금 나는 이곳 서울남부교도소에 와 있다. 다양한 사람들이 각자의 사연을 가지고 이곳에 들어온다. 나 또한 그렇다. 하지만 나는 그 이유와 나의 실패를 쉽게 인정하기 어려웠다. 그리고 그것을 깨닫는 데 상당히 오랜 시간이 걸렸다.

가장 중요한 대답 하나. 마음.
돌이켜보니 위기를 넘기고 사업을 키우는 건 인재도, 돈도, 능력도 아니었다. 가장 중요한 것은 '사람의 마음'이었다. 단단한 리더의 마음은 주변에도 퍼져 거대한 파도가 된다. 회사는 바로 그 마음의 힘으로 성장한다. 경영도 마찬가지다. 불행하다는 불평과 불만이 진짜 불행을 부르고, 실패할지도 모른다는 두려움이 실패를 부른다. 알고 보니 나의 실패 원인은 바로 그 불평과 불만이었다.
이곳에서 보면 사람의 얼굴이 각기 다르듯 모두의 삶이 다르다. 같은 장소에서 같은 시간을 보내도 모두 다르게 살아간다. 곰곰이 생각해보면 저마다 자기 식대로 사는 게 인생이다. 주어진 환경에서도 똑같이 살라는 법은 없다.

세상에서 가장 낮은 곳인 교도소에 와서 깨닫게 된 것이 몇 가지 있다. '고독'과 '고립'은 완전히 다르다는 것이다. 고독은 스쳐 가는 배고픔과 같은 것이라면 고립은 교도소에 갇혀 있는 것이다. 고독은 흙탕물을 가라앉혀 투명한 물을 만드는 것처럼 본질을 되찾게 해주지만, 고립은 출구 없는 단절이다. 하지만 역설적이게도 단절되고 고립된 이곳에서 많은 것들을 다시 배운다.

그리고 그 과정에서 나는 비로소 불교를 찾게 되었다. 앞서 회상했던 20년 전 호국사에서처럼. 이곳에서도 매주 열리는 법회와 다양한 자매결연 행사, 교리 교육 등에 참여하며 잔잔한 내 마음속에 화두를 던져주시는 스님들을 만나뵙고 있다. 진심으로 감사한 시간이다.

지금은 여러 가지 봉사도 하고 있다. 법회가 열리기 전에 강당 청소를 하고 법자들에게 책자나 공양물들을 나누어주는 단순한 일들이다. 처음에는 별생각 없이 시작했는데 반복해서 하다 보니 내가 더 즐겁다. 그리고 누군가에게 나의 작은 손짓과 말 한마디가 다시 힘을 내고 살아갈 에너지가 될 수도 있다는 것을 알게 되었다.

영국 속담에 '자기 스스로 행복하다고 생각하는 사람은 행복하다.'라는 말이 있다. 결국 모든 것은 내 마음에 있는 것이다. 오늘도 나는 새벽 명상을 하며 나에게 묻는다. '나는 행복한가? 불행한가?' 당연하게도 나는 행복하다. 그리고 행복은 이웃과 함께 나누어야 하고 불행은 딛고 일어서야 한다.

오늘도 이렇게 하루가 시작된다. 이곳은 어쩌면 나에게는 깨달음을 위해 정진하는 토굴인지도 모르겠다.

나는 행복한 불자이며 만족하는 삶을 살아간다. 이 모든 것을 깨닫게 해주는 불교에 진심으로 감사한다.

— 교정교화전법단 바라밀상 —

생각을 바꾸니 여기도 극락

— 김○○

2022년 무더운 여름이 한풀 꺾일 즈음 지인의 권유로 수서역 인근에 있는 덕암사에 처음 가게 되었습니다. 계획하는 일마다 잘 안 되고, 사람들과 갈등도 심하던 차에 답답함도 달랠 겸 머리나 식히자고 나섰던 그때의 방문이 지금까지 불자의 인연으로 이어져오고 있습니다. 주지스님이신 지선 스님의 좋은 말씀과 자상하신 면모, 아담한 절 분위기에 반해 매주 일요일 아침에 절에 가서 예불도 드리고, 점심 공양도 하면서 차츰 평정심을 유지하게 되었습니다.

그러던 어느 날 경영하던 회사의 주주들이 저를 횡령 등의 혐의로 고소하여 3개월 가까이 검찰 조사를 받았습니다. 12월 30일 '사전영장실질심사'에 출석하라는 법원의 명령이 왔으나 저는 이에 불응하여 기약 없는 도피 생활을 시작하였습니다. 말이 생활이지 누구와도 함부로 연락할 수 없다 보니 심신은 피폐해지고, 매일 술이 아니면 잠을 이룰 수가 없었습니다. 1개월여가 지난 어느 이른 아침, 마음을 추스르고 전에 스님께서 주셨던 《지장경》을 읽다가 문득 지선 스님이 떠올랐습니다. 스님을 뵈러 가자는 생각에 벌떡 일어나 사람들이 알아보지 못하도록 중무장을 한 채 무작정 택시를 잡아 덕암사로 향했습니다.

법당에서 오전 예불을 드리고 계시는 스님 뒤편에 합장하고 조용히 앉아 있었습니다. 예불을 마치신 스님께서 뒤를 돌아보시더니 "그러지 않아도 한동안 보이지 않아 걱정하고 있었습니다. 무슨 일이 있으십니까?"라고 물으셨습니다. 그래서 그동안 있었던 일들을 간략하게 말씀드렸더니, 잠자코 듣고 계시던 스님께서 "그게 무슨 큰 걱정입니까! 아직 젊고 건강한데. 자수해서 죄가 있다면 죗값을 받고 과보를 다 씻고 오세요."라고 하시는 겁니다.

순간 당황스럽기도 했지만 "네. 그렇게 하겠습니다." 하고 일어서려는데, 다시 스님께서 "구치소나 교도소에 가서 설법하면서 보니 앉아 계시는 모든 분이 다 부처입니다."라고 말씀하시는 겁니다. 스님은 법당을 나서는 저에게 《관세음보살보문품》을 건네주시면서 "저도 거사님을 위해 기도할 것이니 업장소멸 기도를 많이 하세요."라고 당부하셨습니다. 그렇게 스님의 배웅을 받고 나오는데 회한의 눈물이 흐르면서도 한편으로 가슴이 후련했습니다.

너무나 참담하고 부끄럽습니다. 2023년 2월 2일 검찰에 자수하여 서울구치소 독거실에 수감되었습니다. 상상하지도 못했던 환경과 초라한 제 모습을 받아들일 수가 없었습니다. 그럭저럭 잘 살아 왔다고 생각했는데 이순(耳順)이 넘은 나이에 이런 상황에 내몰렸다고 생각하니 만감이 교차했습니다. 식사도 할 수 없었고 잠도 제대로 잘 수 없었습니다. 혈압은 오르고 온몸이 다 아팠습니다. 특히 절에서도 통나무 의자에 앉아 예불을 올리고 삼배도 쉽지 않았던 저에게 방바닥에 좌정하는 생활은 불가능해, 종일 서 있다시피 하며 좁은 공간을 하이에나처럼 서성거렸습니다. 오직 죽고 싶은 마음뿐이었습니다.

며칠이 지나 의료실 다녀오는 길에 우연히 거실 입구 서고에 있는 《월간 법공양》 책을 가져와 읽게 되었습니다. 〈새해를 맞이하여〉라는 경봉 대선사의 이 달의 법문을 읽고 또 읽으면서 '일체유심조'라는 글귀가 생각났습니다. 그때부터 저를 바꿔보자는 생각으로 바닥에 좌정하는 자세를 시작했고 4주일쯤 뒤부터는 무릎을 꿇고 참회하는 자세로 전환하였습니다. 성격이나 습관을 단번에 바꾸기는 어렵기에 제게는 도전이 시작되었습니다.

교만하고 이기적이었습니다. 사람이 미치도록 그립던 때에 미결수 거실로 이감되었습니다. 3명이 지내고 있는 거실에 들어와 살 만하다 싶었는데 불과 2~3일 사이에 3명이 더 이감해 와 7명이 같이 생활하게 되었습니다. 사람이 많아지니 개구리 올챙이 시절 생각 못 한다고 불편함이 올라와 짜증이 나기 시작했습니다. 남의 단점은 현미경으로 들여다보고 저의 단점은 오목렌즈로 보았습니다. 또 제 실수와 단점은 너그럽게 봐주기를 바라면서 남의 잘못은 어떻게든 드러내 문제 삼으려고 했습니다.

어느 날 사랑하는 자녀들과 접견하는데 "아빠! 얼굴이 안 좋아요. 얼마 전에 뵀을 때와 다르네요. 무슨 안 좋은 일이 있으세요?"라고 하는 겁니다. 그 순간 아차, 싶었습니다. 이기심과 교만함, 분별심에 타인을 이해하지 못하고 미워하는 마음이 앞섰으니 당연하다 싶었습니다.

깊이 성찰하고 반성합니다. 4월 7일 법회 때 명법 스님께서 "한 생각만 바꾸면 고통과 번뇌에서 벗어날 수 있다."고 하셨습니다. 그리고 "분별하는 마음을 내지 마라."고도 하셨습니다. 저에게 너무나 알맞은 맞춤형 법문이었습니다. 모든 일의 시작도, 모든 잘못도 제가 먼저 했으니 고소인들을 포함한 누구도 원망하거나 탓하지 않겠습니다. 또 한 가정의 가장으로서 당연한 의무와 책임을 마치 '전가의 보도'처럼 휘두르며 가족을 진심으로 사랑하지 않았습니다. 임직원들에게도 제 생각과 다르거나 방해가 되면 버럭 화를 내고 험한 말로 상처를 주었습니다.

작은 깨달음이라도 얻기 위해 정성을 다하겠습니다. 이제는 무릎을 꿇고 참회하는 마음으로 점호를 받을 수 있는 기적이 일어났습니다. 아침 식사 후에는 《지장경》을 읽고, 취침 전에는 참선과 기도를 병행하고 있습니다. 함께 생활하는 거실 내 사람들 모두를 '부처님'으로 생각하면서 그들을 통해 저를 바로 세우려 노력합니다.

생각을 바꾸니 여기도 천국입니다. 삼시 세끼 영양을 고려해 때맞춰 식사를 챙겨주고, 아프면 진료도 해주고, 매일 약 배달도 해줍니다. 그리고 안전한지 수시로 직원분들이 돌아봐줍니다. 밤에는 숙면할 수 있도록 지켜주며 물건을 누가 가져가지도 않습니다. 더욱이 애착을 갖고 집착할 물건도 없으니 법정 스님께서 말씀하신 '무소유'의 삶을 실천하고 있는 셈입니다. 얼마 전부터는 일타 스님의 《생활 속의 기도법》을 읽다가 난생처음 108배에 도전했습니다. 지금은 하루도 빠짐없이 108배를 하고 있으며 하루가 다르게 몸과 마음이 건강해지고 있으니 내친김에 100일 정진에 도전하고자 합니다.

글솜씨는 없지만 같은 처지에 있는 분들에게 조금이나마 도움이 될까 싶어 감히 신행수기를 써봅니다. 아직도 부처님 말씀이나 뜻을 다 이해하지는 못하지만, 낙숫물이 바위를 뚫듯이 끊임없이 작은 깨달음이라도 얻기 위해 정진하겠습니다.

나무아미타불 관세음보살.

― 교정교화전법단 바라밀상 ―

이곳에서 다시
태어나리
-
이○○

"옴 아모가 바이로차나 마하무드라 마니 파드마 즈바라 프라바를타 야 훔."

'관세음보살 나무아미타불 관세음보살'이 내 삶이 된 지금 이 글을 적어봅니다.

1963년 12월 28일 오전 11시에 내 아버지와 어머니는 합천 해인사 대웅전에서 스님의 주례로 물 한 그릇 떠 놓고 결혼식을 올렸습니다. '경상남도 합천군 가야면 치인리 10번지'는 내 본적이자 합천 해인사의 주소입니다.

합장한 채 무릎 꿇고 기도하는 내 어린 시절 사진을 볼 때마다 참 많은 생각이 듭니다. 이 어린 나이에 뭘 알까요? 할아버지 할머니 따라, 엄마를 따라 갔던 법당이었습니다. 매일 관세음보살님을 찾으셨던 엄마의 기도 모습을 보고 성장했습니다. 할머니는 성철 스님이 계시던 백련암과 일타 스님이 기거하시던 지족암에서 무보수 공양주 보살을 몇 해에 걸쳐 하셨습니다. 그 덕에 저는 어린 시절 성철 스님 무릎에도 앉아보았고, 일타 스님에겐 "손 모양이 이상해."란 말도 스스럼없이 할 수 있었습니다. 성철 스님의 짙은 눈썹과 일타 스님의 웃음 짓던 안경 낀 모습이 기억납니다.

중학교 때는 해인사 경내에서 하는 부처님오신날 행사에서 학생 대표로 낭독을 하였습니다.

"등이란 등은 모두 밝히자! 내 마음의 심지에 불을 밝히자. 연등, 수박등… 등, 등이란 등은 모두 밝히자!"

그 글은 지금도 내 입 속에서 맴돌고 있습니다. 불기 2514년이었습니다. 절에 가면 포근했습니다. 친구들은 무섭다는 사천왕문도 무섭지 않았습니다. 법당의 향냄새며 탱화를 보면 궁금하기도 하고 편하기만 했던 기억입니다.

첫사랑인 고향 옆집 오빠와 결혼해 두 딸의 엄마가 되었습니다. 그러다 제 나이 50세에 남편이 아미타부처님 곁으로 떠났습니다. 그 후 부처님, 관세음보살님을 찾지 않고 방황했습니다.

몇 해 전 어느 일요일 아침엔 동네 교회에도 가보고, 명동성당에도 가보았습니다. 희디흰 미사포를 한없이 동경한 적이 있습니다. 교회에 두 번째 간 날 "주여… 주여…." 소리치는 사람들을 뒤로하고

도망치듯 나왔지만, 갈 곳이 없었습니다. 세상에 홀로 서 있었습니다. 세상을 떠난 남편의 사업을 이어받아 운영하다가 지금 전 죄인이 되어 있습니다.

사람은 참 간사한가 봅니다. 긴 방황 속에서 의정부교도소에 수감된 첫날부터 광명진언 29자 '옴 아모가 바이로차나 마하무드라 마니 파드마 즈바라 프라바를타야 훔' 진언을 사경하기 시작했습니다.

첫 종교집회날 기적이 일어났습니다. 합천 해인사에서 오신 스님이 법문을 해주셨습니다. 마치 제 고향에서 스님이 저만 보려고 오셨다는 착각 아닌 착각과 함께 돌아가신 조상님께서 저를 지켜주고자 스님의 몸을 빌려 오셨다고 생각하며 그동안 참았던 울음을 법회 내내 터뜨렸습니다. 방에 돌아가 함께한 수용자들에게 이 사실을 말하니 모두 신기하다고 했습니다. 그 스님은 다시 오시진 않았습니다.

그 후 형이 확정돼 화성교도소로 이송되었습니다. 화성 장애자 케어 방에서 봉사 중 불교담당 계장님이 《관세음보살보문품》과 단주를 전해줬습니다. 광명진언과 함께 관세음보살님 사경을 시작했습니다. 남편이 매달 음력 24일 관음재일마다 찾아뵙던 남해 보리암의 관세음보살님. 그 자비롭고 인자한 미소의 관세음보살님이 마치 어제 뵌 것처럼 생생한 모습으로 머릿속에 "쿵!" 하고 찾아오셨습니다.

　사흘 뒤인 2022년 12월 27일 아침 "94번 이송!"이란 소리에 천안개방교도소로 왔습니다. 관세음보살님의 보살핌과 가피로 여겨 버스 안에서 수천 번 관세음보살님을 부르며 왔습니다. 저를 살려 주셨고 더 나은 환경에서 살 수 있게 지켜주셨습니다.

　지난 시절 제 욕심과 잘못으로 이곳에 수감되어 머물고 있습니다. 되돌아보면 참 어리석은 욕심쟁이였습니다. 일주문을 들어설 땐 늘 내려놓고 참회기도 올리겠다 해놓고선…. 떼를 많이 썼습니다. 법당에 들어서면서부터 자리 다툼, 좌복 다툼 등 부처님, 관세음보살님, 신장님 앞에 조금이라도 더 가까이 앉고 싶어서 노보살님들을 물리쳤던 저였습니다. 법문만 크게 염불하면 되는 줄 알았습니다. 또 어느 큰스님을 친견했는지, 설악산 봉정암을 몇 번 갔다 왔는지, 관음도량 밟은 자랑, 보시했던 자랑들…. 제가 잘난 줄 알았습니다. 지금 생각하면 창피합니다. 삼보의 뜻도 몰랐습니다. 그저 '팔만대장경'처럼 3가지의 보물인 줄 알았습니다. 이곳에 와서 부처님이 이 세상에 오신 이유와 삼보의 뜻을 다시 배우고 있습니다.

　매주 목요일 법회 때 "단주 필요하신 분." 하면 항상 손을 듭니다. 이 단주를 제가 또 욕심내어 받고 말았습니다. 공부하고 배우고 있으니 받고 싶었습니다. 저는 부처님과 관세음보살님이 저를 아낀다고 생각합니다. 아니, 확신합니다. 이 글을 쓰는 지금 제 팔목에 있는 단주는 관세음보살님이 주신 가피입니다. 지난 어느 해 부처님 오신날 남해 보리암 가는 어두운 밤길에 줄지어 켜져 있던 연등길…. 철야기도차 찾은 그 밤길을 잊을 수가 없습니다. 그 길은 관세음보살님의 자비의 길이었습니다.

사람이 죽으면 극락에 갈까요? 저는 죄인이라서 못 갈까요?
가고 싶습니다. 관세음보살님은 우리 모두의 마음속에 살고 계십니다. 지금도 제 몸에서 향냄새가 납니다. 제가 나쁜 마음 가지지 않고 착한 마음으로 살면 제 몸에서 향내가 납니다. 이 향냄새가 사라지지 않길 바라며 살고 싶습니다.
이곳에는 관세음보살님이 두 분 계십니다. 한 분은 법당에, 한 분은 법회 끝나고 돌아선 길에 서 계셨던 종교집회 관리 주임님입니다. 인자하신 미소로 웃고 계셨습니다. 방으로 돌아온 우리 모두 관세음보살님의 마음과 미소로 모두 관세음보살님이 되었습니다.
착하고 바르게 사는 게 부처님 관세음보살님의 가르침입니다. 이 글을 쓰게 되어 행복합니다. 지금 머물고 있는 이 방이 법당이라 여기며 삽니다. 우리 모두 마음 한구석에 심지를 갖고 작은 연등이라도 불 밝히고 살면 인간 관세음보살님으로 살 수 있을 겁니다. 쓰고 보니 양력 4월 8일입니다. 이 또한 가피라 여기고 살겠습니다.

4부

보시합니다

부처님께서는 진정한 재가 신자 되는 길에 대해
먼저 '붓다, 붓다의 법, 승가'에 귀의해 불자가 될 수 있음을 설하신 뒤
보시 공덕에 대해 이렇게 말씀하십니다.
"재가 신자는 인색함의 때가 없는 마음으로 살아야 하나니
아낌없이 보시하고 청정하게 보시하고
다른 사람의 요구에 반드시 부응합니다."
부처님의 제자인 '불자'는 보시하고 나누고
베푸는 삶으로 비로소 완성됩니다.

| 교육원장상 |

장애인 포교
꽃피기를

혜상 이희주

대자대비하신 부처님께 지극한 마음으로 두 손 모아 참회하고 발원합니다.

　부처님, 저는 오랫동안 제가 가진 장애만 가장 힘든 줄 알고 많은 방황을 하며 어리석은 시간을 보냈습니다. 한 번 지나가면 돌아오지 않는 귀한 시간을 허비한 것을 진심으로 참회합니다.
　부처님은 위대하신 분이고 저는 한낱 어리석은 중생이라고 분별심 내며 발심을 미뤄온 숱한 날들을 진심으로 참회합니다.
　장애인이라는 신세 한탄만 하고 살며 바늘구멍 하나 꽂을 자리 남겨두지 않은 옹졸한 마음을 진심으로 참회합니다.
　스스로 장애인이란 자기연민에 빠져 보시를 하지 않으며 살아온 팍팍한 저의 삶을 진심으로 참회합니다.

부처님, 저는 장애를 핑계로 매사에 소극적으로 회피하며 주저하고 살아온 것을 진심으로 참회합니다.

제 몸의 상태에만 집착하여 분노와 부정적인 마음으로 살아온 것을 진심으로 참회합니다.

부처님 법을 만나기까지 많은 용기가 필요했습니다. 막상 부처님 법을 만나보니 부처님은 한 분이 아니라는 것을 배웠습니다. 제게 손 내밀어 발심을 이끌어주신 많은 불보살님들께 감사드립니다. 저는 더 많은 부처님과의 인연이 장애인 불자들의 생활에 가닿도록 행동하겠습니다.

복덕과 지혜 다 갖추신 부처님!

비록 제 눈이 보이지 않지만, 부처님 법을 들을 수 있는 귀를 남겨주셔서 감사합니다. 점자를 읽을 수 있는 손을 남겨주셔서 감사합니다.

비록 제 귀가 들리지 않지만, 부처님 계신 곳 어디든 걸어갈 수 있는 튼튼한 두 다리를 남겨주셔서 감사합니다. 수어 통역으로 부처님 법 공부할 수 있어서 감사합니다.

비록 스스로 걸을 수 없는 몸이지만, 부처님 모습을 볼 수 있는 두 눈과 부처님 말씀 들을 수 있는 두 귀를 남겨주셔서 감사합니다. 유튜브에 올라온 수많은 선지식 말씀을 배울 수 있어서 감사합니다.

부처님 광명 두루 비추시니 언제나 부처님 품 안에 있음을 감사드립니다.

저는 이제부터 지금 이 순간에 집중하며 늘 감사 기도 올리겠습니다.

저는 장애라는 굴레에 얽매이지 않겠습니다.

저는 전생에 무슨 죄를 지어 장애를 받았냐는 편견에 굴하지 않고, 무소의 뿔처럼 부처님 말씀 의지해 굳건하게 살아가겠습니다.

저는 장애인이라 안 된다는 숱한 거절을 받아왔지만, 포기를 모르는 부처님처럼 끈기 있는 마음가짐으로 다시 도전해보겠습니다.

부처님, 저는 용맹하신 부처님처럼 용감하게 제 삶의 주인으로 살겠습니다.

부처님, 저는 장애란 단어, 장애인이란 한계를 만들어 저를 무명에 가두지 않겠습니다.

부처님, 저는 장애가 있어도 할 수 있는 무재칠시(無財七施)를 실천하며 살겠습니다.

부처님, 저는 억울한 일을 겪어도 분노에 집착하며 살지 않겠습니다.

부처님, 저는 사소한 일들도 감사하며 살겠습니다.

부처님, 저는 장애를 핑계로 게으름 부리며 살지 않겠습니다.

부처님의 자비 덕분에 제가 쓰러지는 고비마다 다시 일어설 수 있었습니다. 아무리 고통스러운 상황에서도 부처님의 가르침을 꼭 붙잡고 저를 추스르겠습니다. 제 눈물을 닦아주시는 시방삼세 모든 부처님 고맙습니다. 저를 격려해주시는 시방삼세 모든 부처님 사랑합니다.

장애를 극복하고 행복하게 잘 살아가면서 교만하지 않고 더욱 기도에 정진하겠습니다. 부처님의 형상에 매달리지 않고 내 주변 모든 것이 부처님 가르침임을 알아차리겠습니다.
숨 쉬듯 기도하고 밥 먹듯 기도하고 긍정적인 불자로 살겠습니다.
누구에게나 찾아올 수 있는 장애를 두려워하지 않겠습니다.
주리반특의 가르침을 배운 그대로 실천하고 노력하겠습니다.
저만이 가진 장점을 극대화해서 포교를 할 수 있도록 노력하겠습니다.

자비로 저희를 어루만져주시는 부처님!
저는 장애인 불자들이 드나들기 편한 사찰이 많아지기를 진심으로 발원합니다.
장애 아동들이 일찍부터 부처님 법 만날 수 있기를 진심으로 발원합니다.
주리반특처럼 장애가 있는 사람도 출가할 수 있기를 진심으로 발원합니다.

　불교 수어 전문통역사가 많아지기를 진심으로 발원합니다.

　수어를 배우고 사용하는 불자님들과 스님들이 많아지기를 진심으로 발원합니다.

　장애인 불자들도 자유롭게 템플스테이 체험을 즐겨보기를 발원합니다.

　장애인 불자들도 용감하게 108배에 도전해보기를 발원합니다.

　장애인 불자들도 할 수 있다는 마음으로 삼보일배에 도전해보기를 발원합니다.

　장애인 불자들도 더 많이 사경에 도전해보기를 발원합니다.

　장애인 불자들도 적극적으로 참선에 도전해보기를 발원합니다.

　장애인 불자들도 불철주야 공부해야 한다는 각오로 불교대학 공부에 도전해보기를 발원합니다.

　듣지 못해도 눈으로 보고 참선하고 절은 할 수 있습니다.

　걷지 못해도 염불을 하고 사경은 할 수 있습니다.

　보지 못해도 찬불가를 부르고 경전을 들으며 정진할 수 있습니다.

　장애인 불자들이 강한 정신력으로 정진하기를 진심으로 발원합니다.

　진리로 저희를 이끌어주시는 부처님!

몸은 성해도 마음속에 번뇌와 장애가 가득해 고통받는 사람들이 많습니다.

장애인이라는 단어를 들으면 낯설고, 장애인을 마주치면 어떻게 할지 모르는 사람이 아직도 많습니다. 하지만 장애인 당사자조차 다른 장애는 어떤지 모르는 게 많습니다. 장애와 비장애의 문제가 아닌, 내가 직접 경험해보지 못한 세계의 차이일 뿐입니다. 저는 차이와 차별이 다름을 알려고 노력하겠습니다. 제게 이미 주어진 장애를 수행의 방편으로 삼고 정진하겠습니다. 제게 설령 또 다른 장애가 온다 해도 부처님 말씀 약으로 삼아 더욱 정진하겠습니다.

하고자 하는 사람은 방법을 찾고 게으른 사람은 구실을 찾는다고 합니다. 저는 부처님 법을 끊임없이 찾아서 공부하고 포교하겠습니다. 스님 법문을 배우고 잘 소화하여 각 장애에 맞는 포교 방법을 연구해보겠습니다.

제 마음속의 꺼지지 않는 등불이신 부처님!
저는 부처님께서 모든 사람을 차별하지 않는다는 것을 장애인 불자들이 믿기를 간절히 발원합니다.
저는 장애인 불자들 모두 성불하기를 진심으로 발원합니다.
연꽃의 씨앗은 천년이 지나도 싹을 틔울 수 있는 것처럼, 우리 장애인 불자들 마음에 포교의 씨앗이 하나씩 깃들어 있고 그것이

언젠가는 모두 꽃피어 수많은 부처님 제자가 생겨나기를 이 몸 다 바쳐 발원합니다.

　　나무 석가모니불.
　　나무 석가모니불.
　　나무 시아본사 석가모니불.

| 우수상 |

나를 다스리는 108배

―

관음행 양일옥

명훈가피력

1. 삼세의 모든 부처님과 팔만사천의 큰 법보에 깊이 찬탄하며 진정한 불자 되어 이 세상의 은혜를 갚을 수 있기를 간절히 발원하나이다.
2. 불보살님들의 큰 원력과 자비하신 마음으로 굽어 살펴주시옵소서.

삼보귀의

3. 부처님께 귀의하게 되어 기쁜 마음으로 절합니다.

4. 부처님 가르침에 귀의하게 되어 기쁜 마음으로 절합니다.

5. 부처님 법과 율에 따라 실천·수행하시는 청정한 스님들께 기쁜 마음으로 절합니다.

반성과 참회

6. 내가 보고 들은 것만 옳다고 고집하며 지내온 죄를 참회하며 절합니다.

7. 점잖지 못한 행동으로 상처 준 인연들에 참회하며 절합니다.

8. 시비분별을 가리며 삿되게 말한 죄를 반성하고 참회하며 절합니다.

9. 나와 남을 비교하며 차별한 죄를 뉘우치고 참회하며 절합니다.

10. 가족의 입장을 생각하지 않고 사랑한다는 핑계로 집착하며 아픔을 주고 고통을 안겨준 죄를 참회하며 절합니다.

11. 친척, 친지들께 알게 모르게 미워했던 과오를 참회하며 절합니다.

12. 조상님, 부모님께 받은 사랑과 은혜를 잊고 살아온 허물을 참회하며 절합니다.

13. 스승님의 뜻을 따르지 않고 참되지 못했던 행동을 참회하며

절합니다.

14. 내 뜻과 맞지 않다고 상처 준 친구에게 참회하며 절합니다.
15. 자식을 인격체로 대하지 않고 내 잣대로 강요한 잘못을 참회하며 절합니다.
16. 나와 인연 된 소중한 이웃을 보살피지 않고 가벼이 여긴 죄를 참회하며 절합니다.
17. 자연을 소중히 여기지 않고 훼손하며 공기를 더럽힌 죄를 참회하며 절합니다.
18. 대자연의 감사함을 잊고 살아온 죄를 참회하며 절합니다.
19. 인연을 소중히 여기지 않고 나의 잣대로 재단해 판단한 나쁜 습관을 참회하며 절합니다.
20. 편안함에 안주하며 게으르게 낭비한 시간을 참회하며 절합니다.

감사하는 마음

21. 밝은 눈을 가지고 살아갈 수 있도록 가르침을 주신 고귀한 선지식들께 감사하며 절합니다.
22. 부처님 법을 배우고 바르게 살 수 있게 해준 봉녕사 청정한

비구니 승단과 사부대중께 감사하며 절합니다.

23. 모든 것은 마음에서 비롯된다는 사실을 자각하며 감사하는 마음으로 절합니다.

24. 훌륭한 스승님이 되어주시고 복밭이 되어주시는 청정하고 거룩한 스님들께 감사하며 공경심을 내어 절합니다.

25. 나누고 베풀면 행복해진다는 사실을 자각하며 감사한 마음으로 절합니다.

26. 욕망을 버리면 근심, 걱정을 덜 수 있다는 것을 자각하며 감사한 마음으로 절합니다.

27. 남의 행복이 곧 나의 행복이라는 것을 알게 되어 감사한 마음으로 절합니다.

28. 착한 씨앗은 뿌리가 되고 만고의 길이 나아갈 선근이 된다는 것을 알게 되어 감사한 마음으로 절합니다.

29. 대지와 대자연의 모든 공덕에 감사함을 알게 되어 절합니다.

30. 인욕하는 마음이 수행의 근본임을 알게 되어 감사하며 절합니다.

31. 자연의 법칙 따라 생활하며 순응하여 거스르지 않는 것이 복을 부르는 것임을 알게 해준 모든 만물에 감사하며 절합니다.

32. 불법을 의지하여 바른 믿음을 가지고 정진할 수 있는 몸이 있어 감사한 마음으로 절합니다.

33. 나누고 베푸는 삶이 가장 행복하고 아름다움이란 걸 알게 되어 감사한 마음으로 절합니다.

34. 청정한 스님들의 은혜에 보답하며 살아갈 수 있어 감사한 마음으로 절합니다.

35. 나와 이웃이 하나라는 것을 알게 되어 감사하며 절합니다.

36. 진리는 멀리 있지 않다는 것을 자각하며 절합니다.

37. 함께하는 모든 인연의 소중함을 자각하며 절합니다.

38. 내가 바뀌고 주변 사람이 바뀌면 그곳이 정토임을 알게 되어 절합니다.

39. 고정된 자아 실체가 없다는 것을 자각하며 연기적으로 일어남에 집착하지 않고 관조하며 절합니다.

40. 모든 것이 고통이라는 것을 알고 부지런히 정진하는 것만이 향상의 길로 가는 길임을 자각하며 절합니다.

41. 지수화풍으로 이뤄진 이 몸을 자비로써 대하면 '나'를 도와주는 자비보살이 된다는 것을 자각하며 절합니다.

42. 마음으로 주고받는 행복이 진정한 평안임을 자각하고 발원하며 절합니다.

발원과 회향

43. 고통받는 사람들이 아픔에서 벗어나 평온의 세계로 가기를 발원하며 절합니다.

44. 미움을 미움으로 받아들이지 않고 온화한 눈빛으로 자비를 실천하길 발원하며 절합니다.

45. 타인의 고통과 아픔을 보듬어주시길 발원하며 절합니다.

46. 다툼과 투쟁이 있는 곳에 이해와 화합으로 평화로운 세상을 실천할 수 있기를 발원하며 절합니다.

47. 시기와 질투가 있는 곳에 자비로운 마음으로 먼저 손을 내밀어 희망을 전하는 참다운 불자가 되기를 발원하며 절합니다.

48. 바르고 고운 말로 상대를 편안하게 해주기를 발원하며 절합니다.

49. 의식을 맑고 청정하게 가져 밝은 성품을 잊어버리지 않기를 발원하며 절합니다.

50. '나'는 어디서 와서 어디로 가는가를 깊이 통찰하며 사유하길 발원하며 절합니다.

51. '나'라는 아상에서 벗어나 해탈의 길로 향해 가기를 발원하며 절합니다.

52. '나'라는 존재가 하되 함이 없는 참다운 모습을 보게 되기를 발원하며 절합니다.
53. '나'는 누구인가를 궁구하며 스스로에게 묻고 답을 찾기를 발원하며 절합니다.
54. 바른 신심으로 늘 보리심을 잊지 않도록 발원하며 절합니다.
55. 시비분별 속에서도 마음이 고요해 움직이지 않는 참 성품을 지키기를 발원하며 절합니다.
56. 생명을 가진 모든 이들이 불안과 공포에서 벗어나길 발원하며 절합니다.
57. 세상과 거꾸로 가는 부처님의 법을 실천하며 세세생생 보살도를 행하기를 발원하며 절합니다.
58. 생각 생각 염불하는 공덕으로 모두에게 회향되기를 발원하며 절합니다.
59. 관세음보살과 같은 대자대비하신 실천행을 따라가길 발원하며 절합니다.
60. 문수보살의 총명함과 밝은 지혜를 닮아가길 발원하며 절합니다.
61. 지장보살과 같은 대원력으로 고통받는 이들이 함께 행복하기를 발원하며 절합니다.
62. 고통받는 이에게는 따듯한 온정으로 병마를 이겨내기를 발원하며 절합니다.

63. 조그마한 복이라도 헛되이 여기지 않기를 발원하며 절합니다.
64. 가족의 화목과 평화를 지키며 생활할 수 있기를 다짐하고 발원하며 절합니다.
65. 친척들과 서로 화합하고 배려하여 함께 평안하기를 발원하며 절합니다.
66. 친구 간에 인색하지 않고 나에게 유리하게 하지 않기를 발원하며 절합니다.
67. 소중한 내 이웃에게 먼저 다가가 웃는 얼굴로 인사하기를 발원하며 절합니다.
68. 지금 여기에서 이 순간 숨 쉬고 살아 있음에 감사하며 절합니다.
69. 때를 기다려 말을 할 때와 자제할 때를 알고 행동하기를 발원하며 절합니다.
70. 모든 것은 변하고 무상하여 고정된 실체가 없기에 '나'라고 할 만한 게 없음에 그냥 할 뿐인 도리를 일깨워주신 부처님을 찬탄하며 절합니다.
71. 불보살님들의 큰 원력으로 그 길을 따라가고자 하는 수행자는 장애가 있고 없는 가운데 마음이 견고해지기를 발원하며 절합니다.
72. 불교만이 가지고 있는 실천수행으로 반야지혜가 드러나기를 발원하며 절합니다.

73. 바르게 보는 안목과 양심적으로 살아가기를 발원하며 절합니다.

74. 연기의 법칙을 알고 지혜를 키우기를 발원하며 절합니다.

75. 맑은 정신으로 늘 깨어 있기를 발원하며 절합니다.

76. 거룩하신 부처님의 가르침을 한시라도 잊지 않기를 발원하며 절합니다.

77. 나와 인연이 된 모든 분들께 자비의 화신으로서 나투시길 발원하며 절합니다.

78. 모든 사람들에게 순수하며 순응하기를 간절히 발원하며 절합니다.

79. 육바라밀을 수행으로 삼아 목숨이 다하는 날까지 실천하길 발원하며 절합니다.

80. 배운 것을 몸소 실천하며 나와 남에게 이익이 되고 행복을 전하며 불법이 널리 홍포되기를 발원하며 절합니다.

81. 모든 제불보살님들과 같아지기를 발원하며 공경심과 감사의 마음을 잊지 않기를 발원하며 절합니다.

82. 자신의 내면의 의식을 단단히 지켜 흔들리지 않기를 발원하며 절합니다.

83. 바르게 보는 힘을 길러 번뇌에서 벗어나기를 발원하며 절합니다.

84. 바르게 생각하고 의지를 굳건하게 가져 물러나지 않기를 발

원하며 절합니다.

85. 바르고 진실되게 상대방을 사랑하여 융화시키는 유익하고 온화한 모습 가지기를 발원하며 절합니다.

86. 유정 무정 모두가 한 몸이라는 큰 자비심을 망각하지 않기를 발원하며 절합니다.

87. 바른 생활과 규칙을 준수하고 바르게 수행하기를 발원하며 절합니다.

88. 바른 노력과 인내하는 인욕행을 최고의 덕목으로 여기기를 발원하며 절합니다.

89. 불완전한 삶을 육바라밀과 나눔의 기쁨을 통해 아름답게 마무리하기를 발원하며 절합니다.

90. 항상 부처님의 명호를 잊지 않고 깨어 있기를 발원하며 절합니다.

91. 나 혼자만이 아닌 모든 사람이 행복을 누리며 살기를 발원하며 절합니다.

92. 자신의 고통을 꿰뚫어 아는 지혜가 열리기를 발원하며 절합니다.

93. 말과 행동이 온화하여 자비로운 성품이 나타나기를 발원하며 절합니다.

94. 일체 중생들 모두가 성불하기를 발원하며 절합니다.

95. 원수거나 친하거나 모든 이들이 원결을 풀고 극락왕생하길

발원하며 절합니다.

96. '나'를 보는 이들이 환희심 일어나기를 발원하며 절합니다.

97. '나'를 필요로 하는 곳에 도움의 손길이 아낌없이 발휘되어 회향되기를 발원하며 절합니다.

98. 대승의 진리를 깨닫기를 발원하며 절합니다.

99. 이 목숨 마치는 날 잘 살았노라 후회 없이 놓고 가기를 발원하며 절합니다.

100. 염불하는 인연공덕으로 선망조상 영가들이 편안해지기를 발원하며 절합니다.

101. 훌륭한 선지식을 늘 곁에 모시기를 발원하며 절합니다.

102. 부처님을 따라 배우며 보살도 이루기를 발원하며 절합니다.

103. 올라오는 탐심, 진심, 치심을 잘 다스려 자유로운 삶을 살기를 발원하며 절합니다.

104. 도반들과 함께 화합을 이루며 조화롭게 살아가길 발원하며 절합니다.

105. 금생, 내생에 항상 보살도를 행하기를 발원하며 절합니다.

106. 자신의 완성된 성품이 발현되길 발원하며 절합니다.

107. 모든 중생이 번뇌를 끊어 부처님 가르침 듣고 환희하여 스스로 자성을 회복하기를 발원하며 절합니다.

108. 모든 이들이 부처님 법 안에서 평화롭고 따사로운 피안의 세계로 나아가기를 발원하며 절합니다.

나무 석가모니불.
나무 석가모니불.
나무 시아본사 석가모니불.

| 바라밀상 |

참생명의 길
걷겠습니다

―

여정화 이명자

거룩하신 부처님!
세간의 큰 이익을 위해 이 땅의 모든
고통받는 중생들을 구원하시기 위해
우리 곁에 오신 부처님!
부처님의 크신 지혜와 자비로
마음의 어둠을 밝히고 깨달아
진정한 부처의 길을 걸어갈 것을 귀의하오니
일심으로 찬탄하며 두 손 모아 간절히 발원합니다.

세상을 비추어 이익 되게 하시는 부처님!
부처님께서 모든 걸 버리시고
만 생명의 이익을 위해 길을 나선 것처럼

나태와 좌절에 빠져 허덕일 때
당신의 고행을 배우게 하소서.
희망의 등불을 놓지 않고
정진할 수 있는 용기를 주소서.
법륜을 굴리신 것처럼
가르침의 바퀴를 굴려 깨달음을 얻고
바른 법을 만나 해탈의 밝은 빛을 찾아
진리의 승리자가 되고 수행하며
중생과 더불어 당신의 손을 잡을 수 있도록
가피 내려주옵소서.

지혜의 등불이신 부처님!
법을 등불로 삼아
내 안의 어둠과 어지러움을 밝히는
지혜의 힘을 주소서.
중생을 제도하고 큰 진리의 길을 걸어가는
보살행을 실천하게 하소서.
불자로서 지혜의 바른 인연에서 물러남 없이
착하고 슬기로운 도반의 소중함을 알게 하소서.

자비하신 부처님!

가진 이들은 자비와 보시의 행에 동참하고
어려움을 겪고 있는 이들은 희망을 놓지 않고
정진할 수 있도록 용기를 주시어
차별 없이 모든 중생들이 부처님 품 안에서
존귀한 존재로 살아갈 수 있도록 하소서.
더불어 함께 불성의 씨앗을 품고 살아가는
부처님임을 자각하게 하소서.

복덕과 지혜를 구족하신 부처님.
오랜 세월 동안 스스로 짓고 스스로 받은
인간의 도리를 알지 못하여
갈 길 몰라 헤매고
세상 모든 생명이 하나임을 깨닫지 못하고
성내고 욕하고 비난하는 어리석음에 빠져 지은 모든 죄업을
부처님 전에 두 손 모아 참회하옵니다.

대자대비하신 부처님.
부처님의 크신 원력으로
모든 중생이 그릇된 길 벗어나
정법에 머물러 모두 해탈케 하시고
끝없이 하심하며 참된 생명의 길을 걸으며

세상을 향기롭게 만드는 불자가 될 것을
지극한 정성으로 간절히 발원하옵니다.

나무 석가모니불.
나무 석가모니불.
나무 시아본사 석가모니불.

│ 바라밀상 │

열암곡 부처님
바로 모시기

–

법륭화 이미숙

감추어짐으로 그 존재를 숨기신 마애 부처님
저희 불자들의 발원을 부디 들어주옵소서.
부처님의 바로 일어나심을 위해 두 손 모아 염원하옵니다.

천년의 침묵을 깨고 다시 나투시어
고통 속에서 아파하고,
성냄으로 살아가고,
욕망의 불길을 끄지 못한 채 숨 쉬며,
어리석음조차 자각하는 능력을 잃어버린 무지함을
대자대비로 바른 진리의 길 걷게 인도하여주옵소서.

모르는 이들은 기적이라고 부르는 오랜 세월

이제는 기다림을 끝내시고 현현하시어
중생들 불국정토로 인도하여주옵소서.

지금 시절인연이 도래하여
불자들은 오로지 한 마음
부처님의 일어섬을 위한 불사에 뜻을 모았사오니
부처님
감응하시어
진정 자애와 연민으로,
빛을 밝혀주옵소서,
진리의 가르침 주옵소서.

그리하여 천년의 침묵이 천년의 감로법으로 이어지고
기적은 지혜의 보검, 광명의 빛으로 드러내실 것이니
모든 이들은 부처님 품 안에서 보살핌을 받을 것입니다.

부처님을 바로 모시는 저희들
여전히 감당할 장애는 산적해 있으나
파사현정의 길 어찌 마다하겠습니까.

간절한 저희 불자들의 발원

마애 부처님 감응하여주옵소서.
부처님의 바로 일어나심을 위해
두 손 모아 염원하옵니다.

신행수기·발원문 공모 안내

불자님들의 지극한 신심과 가피 이야기를 담은
신행수기·발원문 공모는 해마다
부처님오신날을 앞두고 진행됩니다.

공모 기간
매년 1월 1일부터 4월 30일까지

공모 자격
조계종 신도증을 소지한 불자님

공모 메일
sugi@beopbo.com

문의
법보신문 02)725-7014